数研出版編集部 編

スタンダード　数学 I
教科書傍用

は　し　が　き

　本書は半世紀発行を続けてまいりました数研出版伝統の問題集です。全国の皆様から頂きました貴重な御意見が支えとなって，今日に至っております。教育そのものが厳しく問われている近年，どのような学習をすることが，生徒諸君の将来の糧になるかなど，根本的な課題が議論されてきております。

　教育については，様々な捉え方がありますが，数学については，やはり積み重ねの練習が必要であると思います。そして，まず1つ1つの基礎的内容を確実に把握することが重要であり，次に，それらの基礎概念を組み合わせて考える応用力が必要になってきます。

　編集方針として，上記の基本的な考え方を踏まえ，次の3点をあげました。

　　1．基本問題の反復練習を豊富にする。

　　2．やや程度の高い重要な問題も，その内容を分析整理することによって，重要事項が無理なく会得できるような形にする。

　　3．別冊詳解はつけない。自力で解くことによって真の実力が身につけられるように編集する。なお，巻末答には，必要に応じて，指針・略解をつけて，自力で解くときの手助けとなる配慮もする。

　このような方針で，編集致しましたが，まだまだ不十分な点もあることと思います。皆様の御指導と御批判を頂きながら，所期の目的達成のために，更によりよい問題集にしてゆきたいと念願しております。

JN080681

本書の構成と使用法

要項　問題解法に必要な公式およびそれに付随する注意事項をのせた。

例題　重要で代表的な問題を選んで例題とした。

　指針　問題のねらいと解法の要点を要領よくまとめた。

　解答　模範解答を示すようにしたが，中には略解の場合もある。

問題　問題A，問題B，発展の3段階に分けた。

　問題A　基本的な実力養成をねらったもので，諸君が独力で解答を試み，疑問の点のみを先生に質問するかまたは，該当する例題を参考にするということで理解できることが望ましい問題である。

　Aのまとめ　問題Aの内容をまとめたもので，基本的な実力がどの程度身についたかを知るためのテスト問題としても利用できる。

　問題B　応用力の養成をねらったもので，先生の指導のもとに学習すると，より一層の効果があがるであろう。

　発展　発展学習的な問題など，教科書本文では，その内容が取り扱われていないが，重要と考えられる問題を配列した。

　ヒント　ページの下段に付した。問題を解くときに参照してほしい。

📖印問題　掲載している問題のうち，思考力・判断力・表現力の育成に特に役立つ問題に📖印をつけた。また，本文で扱えなかった問題を巻末の総合問題でまとめて取り上げた。なお，総合問題にはこの印を付していない。

答と略解　答の数値，図のみを原則とし，必要に応じて［　］内に略解を付した。

指導要領の　学習指導要領の枠を超えている問題に対して，問題番号などの右
枠外の問題　上に◆印を付した。内容的にあまり難しくない問題は問題Bに，やや難しい問題は発展に入れた。

■選択学習　時間的余裕のない場合や，復習を効果的に行う場合に活用。

　＊印　＊印の問題のみを演習しても，一通りの学習ができる。

　Aのまとめ　復習をする際に，問題Aはこれのみを演習してもよい。

チェックボックス（▢）　問題番号の横に設けた。

■問題数

　　総数468題　例題55題，問題A 175題，問題B 181題，発展53題
　　総合問題4題，＊印249題，Aのまとめ34題，📖印9題

目　　次

第1章　数と式

第2章　集合と命題

第3章　2次関数

第4章　図形と計量

第5章　データの分析

第1章　数と式

1　多項式の加法と減法

1　多項式の整理
① 同類項を1つの項にまとめる。
② 1つの文字について，降べきの順に整理する。

2　多項式の加法・減法
① 同類項は係数の和・差を計算して，1つの項にまとめる。
② 計算方法　**例**　$(x^2+2x+3)-(4x^2-1)$

$$=x^2+2x+3-4x^2+1$$
$$=(1-4)x^2+2x+(3+1)$$

$$\begin{array}{r} x^2+2x+3 \\ -)\ 4x^2-1 \\ \hline -3x^2+2x+4 \end{array}$$

■A■

☑ **1** 次の単項式で，[　]内の文字に着目したときの，係数と次数をいえ。

(1) x^2y　$[x]$, $[y]$　(2) $-ax^3$　$[a]$, $[x]$　*(3) $8ax^2y^3$　$[x]$, $[y]$, $[x と y]$

☑ **2** 次の多項式の同類項をまとめよ。また，この多項式は何次式であるか。

(1) $x^2-3x+8-4x^2+2x-5$　　(2) $8b-3c+4a-2c-5b+a$

*(3) $2x^2-6xy-y^2-3x^2-y^2+8xy$　(4) $3ab-2bc+ca-4ab+2bc+2ca$

☑ **3** 次の多項式は，[　]内の文字に着目すると，それぞれ何次式であるか。また，そのときの定数項をいえ。

(1) $2x^2-3ax+a^2+5$　$[x]$, $[a]$

*(2) $5x^2-4xy+2xy^3+y-5$　$[x]$, $[y]$, $[x と y]$

☑ **4** (1) 多項式 $3x+4x^2-2-x^3$ を x について降べきの順に整理せよ。

*(2) 多項式 $x^2-3xy+y^3+4x-5y+1$ を x について降べきの順に整理せよ。また，y について降べきの順に整理せよ。

☑ **5** 次の多項式 A，B について，$A+B$ と $A-B$ を計算せよ。

(1) $A=x-2y-z$, $B=x-5y+z$　　*(2) $A=1-3x+4x^2$, $B=x^2+8x-1$

☑ **6** $A=2x^2-4x-5$, $B=3x^2-2x+2$ であるとき，次の式を計算せよ。

(1) $2A-B$　　　　　　　　　　*(2) $2A+B-(4A-3B)$

☑ **■Aの■ まとめ** **7** 多項式 $A=2-3x^2-3x-x^2+1$, $B=x^2-8x+2$ について

(1) A の同類項をまとめ，降べきの順に整理せよ。

(2) A の次数と定数項をいえ。　　(3) $A-B$ を計算せよ。

式の計算（整理してから代入）

例題 1

$P=x^2+4x-2$, $Q=x-3x^2+1$ であるとき，次の式を計算せよ。
$$P-2\{Q-5P-3(Q-2P)\}$$

指針 **計算の手順** ① P, Q を与えられた式に直接代入するのではなく，与えられた式
を整理してから代入する。
② 括弧は内側からはずす。

解答

$P-2\{Q-5P-3(Q-2P)\}$

$=P-2\{Q-5P-3Q+6P\}$ ← 内側の（ ）をはずす。

$=P-2Q+10P+6Q-12P$ ← 外側の｛ ｝をはずす。

$=(1+10-12)P+(-2+6)Q$ ← 同類項をまとめる。

$=-P+4Q$

$P=x^2+4x-2$, $Q=x-3x^2+1$ を代入すると

$-P+4Q=-(x^2+4x-2)+4(x-3x^2+1)$ ← 整理した式に代入。

$=-x^2-4x+2+4x-12x^2+4$ ← （ ）をはずす。

$=(-1-12)x^2+(-4+4)x+(2+4)$ ← 同類項をまとめる。

$=-13x^2+6$ **答**

▒▒▒ B ▒▒▒

☐ **8** 次の多項式を，x について降べきの順に整理せよ。また，x について昇べきの
順に整理せよ。

(1) $5x^2-3x^3-6x^2+2x+7-7x$

(2) $-3xy-7x-2xy+y+9x^2-4$

(3) $y^3+xyz-xz^2+x^2y+x^2z+x^3+xy^2-yz^2$

☐ **9** 次の式を計算せよ。

(1) $\{4t-(3t-2)\}-\{(7t-3)-(-5t+7)\}$

*(2) $12x-\{4y-3\{-3x-(3x-2y-5z)-2z\}\}$

☐ **10** $A=x^2-2x-4$, $B=x-2x^2+3$, $C=2-3x^2-x$ であるとき，次の式を計算せ
よ。

(1) $A-2B+3C$ *(2) $2A-\{5C-2B+3\{B-(2C-A)\}\}$

☐ **11** (1) x^2-2x-5 との和が $x+1$ になる式 A を求めよ。

(2) x^2-2x-5 を引くと $x+1$ になる式 B を求めよ。

*(3) x^2-2x-5 から引くと $x+1$ になる式 C を求めよ。

2 多項式の乗法

1 指数法則

m, n が正の整数のとき　$a^m a^n = a^{m+n}$,　$(a^m)^n = a^{mn}$,　$(ab)^n = a^n b^n$

$$a^m a^n = \overbrace{a \cdots\cdots a}^{m\text{個}} \times \overbrace{a \cdots\cdots a}^{n\text{個}} = a^{m+n}$$

$$(a^m)^n = \overbrace{a^m \cdots\cdots a^m}^{n\text{個}} = \overbrace{\underbrace{a \cdots\cdots a}_{m\text{個}} \times \underbrace{a \cdots\cdots a}_{m\text{個}} \times \cdots \times \underbrace{a \cdots\cdots a}_{m\text{個}}}^{n\text{個}} = a^{mn}$$

$$(ab)^n = \overbrace{(ab) \cdots\cdots (ab)}^{n\text{個}} = \overbrace{a \cdots\cdots a}^{n\text{個}} \times \overbrace{b \cdots\cdots b}^{n\text{個}} = a^n b^n$$

2 多項式の乗法

多項式の乗法では，分配法則を使って計算することが基本である。

> 例　$m(a+b-c) = ma+mb-mc$,　　　$(a+b-c)(-m) = -ma-mb+mc$
>
> $(a+b)(c-d) = a(c-d)+b(c-d) = ac-ad+bc-bd$ ┊ $(a+b)(c-d)$
>
> $(a+b)(c+d+e) = ac+ad+ae+bc+bd+be$

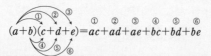

A

■次の計算をせよ。[12～14]

12 (1) $a^2 \times a^5$　　　　(2) $(a^4)^3$　　　　　　(3) $(ab)^4$

　　(4) $3x^2 \times (-5x^4)$　　(5) $(-2a^3b^2)^4$　　*(6) $(-3xy^2)^2 \times (-2x^2y)^3$

13 (1) $2x^3(4x+3)$　　　(2) $-4a(3ab-2b^2)$　　*(3) $12a^2b\left(\dfrac{a^2}{3}-\dfrac{ab}{6}-\dfrac{b^2}{4}\right)$

　　(4) $(x-y)xy$　　*(5) $(2x^2-3y)(-4y^2)$　　(6) $(2a-b+6c)\left(-\dfrac{1}{6}c\right)$

14 (1) $(a+b)(x+y)$　　*(2) $(2x+3)(3y-1)$　　　　*(3) $(t-1)(t^2+t)$

　*(4) $(2x+1)(3x-4)$　(5) $\left(\dfrac{1}{3}x+\dfrac{2}{5}y\right)\left(\dfrac{2}{3}x-\dfrac{3}{5}y\right)$　*(6) $(x^2+3xy)(y^2-2xy)$

Aの まとめ **15** 次の計算をせよ。

　　(1) $(-a^2b)^3(-3ab^3)^2$　　　　　　　(2) $8ab^2\left(\dfrac{a^2}{2}-\dfrac{ab}{3}+\dfrac{b^2}{4}\right)$

　　(3) $(p+q)(x+y)$　　　　　　　　　　(4) $(x+4)(x^2+2x)$

■ 多項式の展開

| 例題 **2** | $(x^3+3xy^2-y^3)(2y^2-2xy+x^2)$ を展開せよ。 |

指針　**展開の仕方**　① （ ）の中をあらかじめ１つの文字について降べきの順に整理しておく。
　　　　　　　② 分配法則を繰り返し利用する。

解答　$(x^3+3xy^2-y^3)(2y^2-2xy+x^2)$
$=(x^3+3xy^2-y^3)(x^2-2xy+2y^2)$　　　　← x について降べきの順に整理。
$=x^3(x^2-2xy+2y^2)+3xy^2(x^2-2xy+2y^2)-y^3(x^2-2xy+2y^2)$
$=x^5-2x^4y+2x^3y^2+3x^3y^2-6x^2y^3+6xy^4-x^2y^3+2xy^4-2y^5$
$=\boldsymbol{x^5-2x^4y+5x^3y^2-7x^2y^3+8xy^4-2y^5}$　**答**

別解
$$\begin{array}{r} x^3\ \fbox{}\ +3xy^2\ -y^3 \\ \times\ )\ x^2-2xy\ +2y^2 \\ \hline x^5\ \fbox{}\ +3x^3y^2-\ x^2y^3 \\ -2x^4y\ \fbox{}\ -6x^2y^3+2xy^4 \\ 2x^3y^2\ \fbox{}\ +6xy^4-2y^5 \\ \hline \boldsymbol{x^5-2x^4y+5x^3y^2-7x^2y^3+8xy^4-2y^5} \end{array}$$　**答**
← x^2 の項がないので空けておく。

注意　縦書きの計算では，同類項が縦に並ぶように，欠けている次数の項は空けておく。

16 次の式を展開せよ。
*(1) $(x^2-2x-2)(x-3)$ 　　(2) $(a^2+3a+5)(2a^2-5a-1)$
*(3) $(3x+2x^2-4)(x^2-5-3x)$ 　*(4) $(x^2-2x+1)(x^2-1)$
(5) $(x^2-2xy-2y^2)(x-3y)$ 　*(6) $(3xy+2x^2-4y^2)(x^2-5y^2-3xy)$

17 次の式を展開せよ。
(1) $(x-1)(x^4+x^3+x^2+x+1)$
*(2) $(x^3-2x^2+2x-1)(x^3+2x^2+2x+1)$
*(3) $(x+2y-1)(x^2-2xy+4y^2+x+2y+1)$

18 次の式を展開したとき，[ ]内の項の係数を求めよ。
(1) $(x^2+x+1)(2x+3)$ 　$[x]$，$[x^2]$
*(2) $(2x^2-3xy-y^2)(3x^2-2xy+y^2)$ 　$[x^3y]$

ヒント 18 全部を展開せずに，必要なところだけを計算すればよい。

3　展開の公式

1 展開の公式

① $(a+b)^2=a^2+2ab+b^2$,　$(a-b)^2=a^2-2ab+b^2$

② $(a+b)(a-b)=a^2-b^2$

③ $(x+a)(x+b)=x^2+(a+b)x+ab$

④ $(ax+b)(cx+d)=acx^2+(ad+bc)x+bd$

⑤♦ $(a+b)^3=a^3+3a^2b+3ab^2+b^3$

　　$(a-b)^3=a^3-3a^2b+3ab^2-b^3$

⑥♦ $(a+b)(a^2-ab+b^2)=a^3+b^3$

　　$(a-b)(a^2+ab+b^2)=a^3-b^3$

参考　$(a+b+c)^2=a^2+b^2+c^2+2ab+2bc+2ca$

　　　$(a^2+ab+b^2)(a^2-ab+b^2)=a^4+a^2b^2+b^4$

　　　$(a+b+c)(a^2+b^2+c^2-ab-bc-ca)=a^3+b^3+c^3-3abc$

A

■次の式を展開せよ。[**19〜22**]

19 *(1)　$(x+2)^2$ 　　　　(2)　$(x-3)^2$ 　　　　(3)　$(3x+5)^2$

　　*(4)　$(4x-3y)^2$ 　　　(5)　$(x+2)(x-2)$ 　　*(6)　$(x-3)(x+3)$

　　(7)　$(a+2b)(a-2b)$ 　*(8)　$(3a-4b)(3a+4b)$ 　(9)　$(x+4)(x+5)$

　*(10)　$(x-4)(x-5)$ 　　*(11)　$(x+4)(x-5)$ 　　(12)　$(x-4)(x+5)$

20 (1)　$(-b+2a)^2$ 　　*(2)　$(x^2-y^2)(x^2+y^2)$ 　*(3)　$(x-3y)(x+4y)$

　　*(4)　$(a-5b)(a+2b)$ 　(5)　$(3x-2)(5x-3)$ 　(6)　$(2x+3)(3x-2)$

　　*(7)　$(4x+3y)(2x+5y)$ 　(8)　$(5x-4y)(3x-2y)$ 　*(9)　$(6x-5y)(3x+2y)$

21 (1)　$(a-b+c)^2$ 　　*(2)　$(x-3y+4)^2$ 　　*(3)　$(x^2-2x+3)^2$

22 (1)　$(x^2-3)(x^2+3)$ 　　　　　*(2)　$(x+3)^2(x-3)^2$

　　*(3)　$(x^2+4)(x+2)(x-2)$ 　　　*(4)　$(x^2-2xy+4y^2)(x^2+2xy+4y^2)$

Aの まとめ **23** 次の式を展開せよ。

(1)　$(-2x+3y)^2$ 　　　　　　　(2)　$(3x-4y)(4y+3x)$

(3)　$(2x+3)(4x-5)$ 　　　　　　(4)　$(x-2y+3z)^2$

(5)　$(x^2+9)(x+3)(x-3)$ 　　　　(6)　$(t^2+t+1)(t^2-t+1)$

公式による展開（おき換え，計算順序）

例題 3

次の式を展開せよ。

(1) $(2x+y-z)(2x-y+z)$　　(2) $(x+1)(x+2)(x+3)(x+4)$

(3) $(a-b)^2(a+b)^2(a^2+b^2)^2$

指針 　**工夫した式の展開**　複雑な式も　①　**おき換え**　②　**計算順序の工夫**　によって，
展開の公式を適用。

解答

(1) （与式）$=\{2x+(y-z)\}\{2x-(y-z)\}=(2x)^2-(y-z)^2$
$=4x^2-(y^2-2yz+z^2)=\boldsymbol{4x^2-y^2+2yz-z^2}$ **答**

(2) （与式）$=(x+1)(x+4)\times(x+2)(x+3)=(x^2+5x+4)(x^2+5x+6)$
$=(x^2+5x)^2+10(x^2+5x)+24=\boldsymbol{x^4+10x^3+35x^2+50x+24}$ **答**

(3) （与式）$=\{(a-b)(a+b)\times(a^2+b^2)\}^2=\{(a^2-b^2)(a^2+b^2)\}^2$
$=(a^4-b^4)^2=\boldsymbol{a^8-2a^4b^4+b^8}$ **答**

▩▩ B ▩▩

■次の式を展開せよ。[**24〜28**]

☑ **24** (1) $(x^2+4x+1)(x^2+4x+3)$　　　*(2) $(x^2+2x-1)(x^2+3x-1)$

(3) $(x+2y-3z)(x-2y+3z)$　　　*(4) $(a^2-ab+b^2)(a^2+ab-b^2)$

(5) $(x+2)(x+3)(x^2+5x)$　　　*(6) $(x^2-6)(x+2)(x-3)$

(7) $(x^2-4)(x+3)(x-3)$　　　*(8) $(x-3)(x-1)(x+1)(x+3)$

*(9) $(x+1)(x-1)(x-2)(x-4)$　　*(10) $(x+1)(x+2)(x+3)(x+6)$

*(11) $(x-3)^2(x+3)^2(x^2+9)^2$　　(12) $(x-a)(x+a)(x^2+a^2)(x^4+a^4)$

☑ **25**♦ (1) $(a+1)^3$　　　*(2) $(2x+1)^3$　　　(3) $(a+3b)^3$

(4) $(3a+2b)^3$　　(5) $(2x-1)^3$　　(6) $(3a-2b)^3$

☑ **26**♦♦*(1) $(x+3)(x^2-3x+9)$　　　(2) $(x-4)(x^2+4x+16)$

(3) $(2a+b)(4a^2-2ab+b^2)$　　　*(4) $(2x-5y)(4x^2+10xy+25y^2)$

☑***27**♦ (1) $(x+2)^3(x-2)^3$　　　(2) $(x-1)(x+1)(x^2+x+1)(x^2-x+1)$

▩▩ 発展 ▩▩

☑ **28** (1) $(x^2+xy+y^2)(x^2-xy+y^2)(x^4-x^2y^2+y^4)$

(2) $(a+b+c)^2-(b+c-a)^2+(c+a-b)^2-(a+b-c)^2$

☑ **29** (1) $(a+b+c)(a^2+b^2+c^2-ab-bc-ca)$ を展開せよ。

(2) (1)の結果を利用して，$(x+y-1)(x^2-xy+y^2+x+y+1)$ を展開せよ。

ヒント **29** (1) a について整理してから展開する。

4 因数分解

---

1 因数分解の公式

⓪ $ma+mb=m(a+b)$, $ma+mb+mc=m(a+b+c)$

① $a^2+2ab+b^2=(a+b)^2$, $a^2-2ab+b^2=(a-b)^2$

② $a^2-b^2=(a+b)(a-b)$

③ $x^2+(a+b)x+ab=(x+a)(x+b)$

④ $acx^2+(ad+bc)x+bd=(ax+b)(cx+d)$

⑤◆ $a^3+b^3=(a+b)(a^2-ab+b^2)$, $a^3-b^3=(a-b)(a^2+ab+b^2)$

参考 $a^3+b^3+c^3-3abc=(a+b+c)(a^2+b^2+c^2-ab-bc-ca)$

■ A ■

■次の式を因数分解せよ。[30～37]

30 *(1) m^2ab-ma^2b (2) $6x^4+12x^2$ (3) $9ab^2c-6a^2c^2-3abc^2$

    (4) $x^2+2x(y+z)$ (5) $x(a+b)-ya-yb$ *(6) $2a(a-3b)-b(3b-a)$

31 (1) a^2+4a+4 *(2) $x^2-x+\dfrac{1}{4}$ *(3) $9a^2-12ab+4b^2$

32 *(1) $9x^2-25$ (2) $100-a^2$ (3) $36a^2-25b^2$

    *(4) $18x^2-32y^2$ (5) $6a^3b-24ab^3$ *(6) $x^2-(y-1)^2$

33 *(1) $x^2+21x+20$ (2) $x^2-12x+20$ *(3) $x^2+9x+20$

    (4) $x^2+19x-20$ *(5) $x^2-8x-20$ (6) x^2+x-20

34 *(1) x^2+4x+3 (2) x^2-6x+8 *(3) x^2+8x-9

    (4) $x^2-2x-24$ (5) $x^2+xy-6y^2$ *(6) $x^2-17xy-18y^2$

35 *(1) $2x^2+13x+6$ (3) $2x^2+x-6$ (5) $2x^2+7x+6$

    (2) $2x^2-13x+6$ *(4) $2x^2-x-6$ *(6) $2x^2-7xy+6y^2$

36 (1) $2x^2-3xy+y^2$ (2) $6a^2+ab-12b^2$ *(3) $8a^2-14ab+3b^2$

37 (1) $a^2+2a+1-b^2$ *(2) x^4-3x^2-28 *(3) x^4-16

Aの まとめ **38** 次の式を因数分解せよ。

    (1) $5a(a-4)-2(4-a)$ (2) $16x^2-24xy+9y^2$

    (3) $4-(a-b)^2$ (4) $x^2-15xy+54y^2$

    (5) $6a^2-17ab-14b^2$ (6) x^4+5x^2-36

因数分解（おき換え，組み合わせ，3次式）

例題 4

次の式を因数分解せよ。

(1)　$(x^2-7x)^2+4(x^2-7x)-12$　　(2)　$(a^2+b^2-1)^2-4a^2b^2$

(3)　$x^3-4x^2-9x+36$　　　　　　　(4)♦　$27x^3-54x^2+36x-8$

指針　因数分解　① おき換え　　② 組み合わせを工夫　　③ $(a\pm b)^3$ の公式

(1)　おき換え。　(2)　おき換え，組み合わせを工夫する。

(3)　組み合わせを工夫する。　(4)　$(a\pm b)^3$ の公式を利用。

解答

(1)　$x^2-7x=A$ とおくと

$\quad$（与式）$=A^2+4A-12=(A+6)(A-2)$

$\quad\quad=(x^2-7x+6)(x^2-7x-2)=(x-1)(x-6)(x^2-7x-2)$　**答**

(2)　（与式）$=(a^2+b^2-1+2ab)(a^2+b^2-1-2ab)$

$\quad\quad=\{(a+b)^2-1\}\{(a-b)^2-1\}$

$\quad\quad=(a+b+1)(a+b-1)(a-b+1)(a-b-1)$　**答**

(3)　（与式）$=x^2(x-4)-9(x-4)=(x-4)(x^2-9)$

$\quad\quad=(x-4)(x+3)(x-3)$　**答**

(4)　（与式）$=(3x)^3-3\cdot(3x)^2\cdot2+3\cdot3x\cdot2^2-2^3=(3x-2)^3$　**答**

別解　(4)　（与式）$=(27x^3-8)-(54x^2-36x)=\{(3x)^3-2^3\}-18x(3x-2)$

$\quad\quad=(3x-2)(9x^2+6x+4)-18x(3x-2)$

$\quad\quad=(3x-2)(9x^2-12x+4)=(3x-2)(3x-2)^2=(3x-2)^3$　**答**

■次の式を因数分解せよ。[39〜43]

▱ **39**　(1)　$(x+y)^2-3(x+y)-18$　　　　　　(2)　$5(2x-1)^2-8(2x-1)-4$

　　　　*(3)　$(x^2+4x)^2-8(x^2+4x)-48$　　　*(4)　$x^2+2(2a-b)x-3(2a-b)^2$

▱ **40**　(1)　$(2a+b)^2-16$　　　　　　　　　*(2)　$(x^2-x)^2-(x+8)^2$

　　　　(3)　$(a^2-b^2)x^2+b^2-a^2$　　　　　*(4)　$4a^2c^2-(c^2+a^2-b^2)^2$

▱ **41**　*(1)　$x^2+4xy+4y^2-4z^2$　　　　　　(2)　x^2-9y^2+6y-1

　　　　*(3)　$x^2-2xy+y^2-x+y-2$　　　　(4)　$x^2+4xy+4y^2+5x+10y+6$

▱ **42**♦♦(1)　a^3+8　　(2)　$27x^3-y^3$　　*(3)　$64x^3-27y^3$　　(4)　$125a^3b^3+8$

▱ **43**　*(1)　x^3+3x^2-x-3　　　　　　　　(2)　$x^3-5x^2-4x+20$

　　　　*(3)♦　x^3-3x^2+6x-8　　　　　　(4)♦　$8x^3+6x^2+3x+1$

　　　　(5)♦　x^3+3x^2+3x+1　　　　　　(6)♦　$8x^3-36x^2+54x-27$

ヒント 43　(1)〜(4)　組み合わせを考える。　(5), (6)　$(a\pm b)^3$ の公式を利用。

■■ 因数分解（最低次の文字で整理）

例題 5

次の式を因数分解せよ。
(1) $x^2y-2x^2z+2y^2z-xy^2$
(2) $2x^2+5xy+2y^2+5x+y-3$
(3) $a^2(b+c)+b^2(c+a)+c^2(a+b)+2abc$

指針 因数分解　④ 最低次の文字について整理

(1) x について2次，y について2次，z について1次 ⟶ z について整理。
(2) どの文字についても2次 ⟶ x について整理し，たすき掛けを利用。
(3) どの文字についても2次 ⟶ a について整理。

解答

(1) （与式）$=(-2x^2+2y^2)z+x^2y-xy^2$
$=-2(x+y)(x-y)z+xy(x-y)$
$=(x-y)\{-2(x+y)z+xy\}$
$=\boldsymbol{(x-y)(xy-2yz-2zx)}$ 答

(2) （与式）$=2x^2+5(y+1)x+2y^2+y-3$
$=2x^2+5(y+1)x+(y-1)(2y+3)$
$=\{x+(2y+3)\}\{2x+(y-1)\}$
$=\boldsymbol{(x+2y+3)(2x+y-1)}$ 答

$$\begin{array}{ccc} 1 & \diagdown & 2y+3 \longrightarrow 4y+6 \\ 2 & \diagup & y-1 \longrightarrow y-1 \\ \hline 2 & 2y^2+y-3 & 5y+5 \end{array}$$

(3) （与式）$=(b+c)a^2+(b^2+2bc+c^2)a+b^2c+bc^2$
$=(b+c)a^2+(b+c)^2a+bc(b+c)$
$=(b+c)\{a^2+(b+c)a+bc\}$
$=(b+c)(a+b)(a+c)$
$=\boldsymbol{(a+b)(b+c)(c+a)}$ 答

■■■ B ■■■

44 次の式を最低次の文字について整理して因数分解せよ。
(1) $ab+a+b+1$　　　　*(2) $xy-yz+zu-ux$
*(3) $x^2y+y^2z-y^3-x^2z$　　(4) $ab-bc-a^2c+2ac^2-c^3$

■次の式を因数分解せよ。[45, 46]

45 *(1) $x^2+(2y-1)x+y(y-1)$　　(2) $x^2-(3y+1)x+(y+2)(2y-1)$
*(3) $x^2-xy-2y^2+2x-7y-3$　(4) $4x^2-4xy+y^2-1$
(5) $2x^2-3xy-2y^2+5x+5y-3$　*(6) $6x^2+5xy-6y^2+x-5y-1$

46 *(1) $a^2(b-c)+b^2(c-a)+c^2(a-b)$
(2) $ab(a+b)+bc(b+c)+ca(c+a)+2abc$
(3) $a(b-c)^2+b(c-a)^2+c(a-b)^2+8abc$
*(4) $(a+b)(b+c)(c+a)+abc$

因数分解（おき換え，組み合わせ，平方の差に変形）

例題 6

次の式を因数分解せよ。

(1) $(x+1)(x+2)(x+3)(x+4)-24$

(2) x^4+3x^2+4 　　　　 (3) x^4+64

指針 因数分解 ⑤ 平方の差に変形

(1) 積の組み合わせを工夫すると，共通の式 x^2+5x が現れる。

(2), (3) 与式を変形して平方の差の形を作り出す。

(2) $x^4+Px^2+Q^2=(x^2+Q)^2-(2Q-P)x^2$

(3) $x^4\quad\quad +Q^2=(x^2+Q)^2-2Qx^2$

解答

(1) (与式)$=(x+1)(x+4)\times(x+2)(x+3)-24$

$=(x^2+5x+4)(x^2+5x+6)-24=(x^2+5x)^2+10(x^2+5x)$

$=(x^2+5x)(x^2+5x+10)$

$=\boldsymbol{x(x+5)(x^2+5x+10)}$ **答**

(2) (与式)$=(x^4+4x^2+4)-x^2=(x^2+2)^2-x^2$

$=\boldsymbol{(x^2+x+2)(x^2-x+2)}$ **答**

(3) (与式)$=(x^4+2\cdot8x^2+8^2)-16x^2=(x^2+8)^2-(4x)^2$

$=\boldsymbol{(x^2+4x+8)(x^2-4x+8)}$ **答**

▧▧▧ 発展 ▧▧▧

■次の式を因数分解せよ。[47～50]

☐ **47** (1) $(x^2+2x)(x^2+2x-4)+3$ 　　(2) $(xy+1)(x+1)(y+1)+xy$

(3) $(x-1)(x-3)(x-5)(x-7)+15$ 　　(4) $(x+1)(x+2)(x+3)(x+6)-3x^2$

☐ **48** (1) $81x^4-16y^4$ 　　　　(2) $x^4-5x^2y^2-36y^4$

☐ **49** (1) x^4+x^2+1 　　　　(2) $x^4-7x^2y^2+y^4$

(3) x^4+4 　　　　(4) $x^4-27x^2y^2+y^4$

☐ **50♦** (1) $(a-b)^3+(b-c)^3+(c-a)^3$ 　　(2) $(x+y+z)^3-x^3-y^3-z^3$

(3) a^6-7a^3-8 　　　　(4) a^6-b^6

☐ **51♦** 等式 $a^3+b^3=(a+b)^3-3ab(a+b)$ を利用して，共通因数を見つけることにより，$a^3+b^3+c^3-3abc$ を因数分解せよ。

☐ **52♦** 次の式を因数分解せよ。

(1) $x^3+y^3-3xy+1$ 　　　　(2) $1-8x^3-18xy-27y^3$

ヒント 52 問題 51 の結果を利用。

5　実　数

1　分数と有限小数，循環小数

① [1] 有限小数 … 小数第何位かで終わる小数
　　　例　1.25
　　[2] 無限小数 … 小数点以下の数字が無限に続く小数
　　　例　3.14159……
　　[3] 循環小数 … 無限小数のうち，いくつかの数字が繰り返されるもの
　　　例　$0.333\cdots\cdots=0.\dot{3}$,　$1.3636\cdots\cdots=1.\dot{3}\dot{6}$,　$0.4123123\cdots\cdots=0.4\dot{1}2\dot{3}$

② m は整数，n は 0 でない整数とする。

　　分数 $\dfrac{m}{n}$ は，整数，有限小数，循環小数のいずれかで表される。

2　実数の分類

実数 $\begin{cases} \text{有理数} \begin{cases} \text{整　数} \begin{cases} \text{自然数} \\ 0 \\ \text{負の整数} \end{cases} \\ \text{有限小数} \\ \text{循環小数} \end{cases} \\ \text{無理数} \cdots\cdots \text{循環しない無限小数} \end{cases}$

3　実数の整数部分と小数部分

実数 a の整数部分 …… a を超えない最大の整数 n（$n \leqq a < n+1$ を満たす）

実数 a の小数部分 …… $a-(a$ の整数部分$)$

4　絶対値

$a \geqq 0$ のとき $|a|=a$,　　$a<0$ のとき $|a|=-a$

■■ A ■■

☐ **53** 次の分数を小数で表せ。循環小数は $0.\dot{3}$ のような表し方で書け。

*(1) $\dfrac{3}{20}$　　　　*(2) $\dfrac{5}{33}$　　　　(3) $\dfrac{7}{6}$　　　　(4) $\dfrac{31}{27}$

☐ **54** 次の数を既約分数 $\dfrac{m}{n}$（m は整数，n は正の整数）の形で表せ。

(1) 0.8　　　　　(2) 3　　　　　　(3) -0.4　　　　*(4) -1.24

(5) $0.\dot{8}$　　　　　(6) $0.\dot{1}\dot{5}$　　　　*(7) $0.\dot{2}3\dot{4}$　　　*(8) $0.1\dot{4}\dot{6}$

☐ *55 次のことは正しいか。正しくないものには，そのことを示す例をあげよ。

(1) 有理数と無理数の和は無理数である。

(2) 無理数と無理数の和は無理数である。

(3) 有理数と無理数の積は無理数である。

(4) 無理数と無理数の積は無理数である。

☐ *56　$-3,\ 0,\ 7,\ \dfrac{2}{3},\ \dfrac{5}{4},\ 0.\dot{1}2\dot{3},\ -\sqrt{3},\ \sqrt{16},\ (\sqrt{5})^2,\ \pi$ を数直線上にとれ。また，この中から，次のものを選び出せ。

(1)　自然数　　　　　(2)　整数　　　　　(3)　有理数　　　　(4)　無理数

(5)　有限小数で表される数

(6)　循環小数で表される数 ((1), (2), (5) は除く)

☐ 57　次の数の整数部分と小数部分を求めよ。

(1)　4.75　　　　　(2)　$2.\dot{1}\dot{6}$　　　　*(3)　$\sqrt{5}$　　　　(4)　$\dfrac{\pi}{2}$

☐ 58　次の値を求めよ。

(1)　$|4|$　　　　　*(2)　$|-6|$　　　　(3)　$|\pi-4|$　　　　*(4)　$|\sqrt{2}-2|$

☐ 59　次の 2 点間の距離を求めよ。

(1)　A(9), B(2)　　　　*(2)　A(-2), B(10)　　　　*(3)　A(-17), B(-32)

☐ 60　次の数を既約分数 $\dfrac{m}{n}$ (m は整数，n は正の整数) の形で表せ。

(1)　$-\dfrac{7}{9}$　　　　(2)　$0.\dot{5}$　　　　(3)　$\left|-\dfrac{1}{4}\right|$　　　　(4)　$-\sqrt{4}$

▦▦▦ B ▦▦▦

☐ 61　次の分数を小数で表したとき，[ ] 内の数字を求めよ。

(1)　$\dfrac{11}{101}$ [小数第 75 位]　　　　　(2)　$\dfrac{9}{41}$ [小数第 100 位]

☐ 62　a が次の値をとるとき，$|a-5|+|2a+1|$ の値を求めよ。

(1)　$a=7$　　　　*(2)　$a=5$　　　　(3)　$a=-3$　　　　*(4)　$a=0$

6 根号を含む式の計算

1 平方根の性質
① $a \geqq 0$ のとき　$(\sqrt{a})^2 = (-\sqrt{a})^2 = a, \quad \sqrt{a} \geqq 0$
② $a \geqq 0$ のとき　$\sqrt{a^2} = a, \quad a < 0$ のとき　$\sqrt{a^2} = -a$　　すなわち　$\sqrt{a^2} = |a|$

2 根号を含む式の計算公式
$a > 0, \ b > 0, \ k > 0$ のとき　$\sqrt{a}\sqrt{b} = \sqrt{ab}, \quad \dfrac{\sqrt{a}}{\sqrt{b}} = \sqrt{\dfrac{a}{b}}, \quad \sqrt{k^2 a} = k\sqrt{a}$

3 分母の有理化
$a > 0, \ b > 0, \ a \neq b$ のとき
$$\frac{c}{\sqrt{a}} = \frac{c\sqrt{a}}{a}, \quad \frac{c}{\sqrt{a}+\sqrt{b}} = \frac{c(\sqrt{a}-\sqrt{b})}{a-b}, \quad \frac{c}{\sqrt{a}-\sqrt{b}} = \frac{c(\sqrt{a}+\sqrt{b})}{a-b}$$

■ A ■

☐ *63　次の値を求めよ。
(1)　100 の平方根　(2)　10 の平方根　(3)　1 の平方根　(4)　0 の平方根
(5)　$\sqrt{7^2}$　　　(6)　$\sqrt{(-7)^2}$　　(7)　$(\sqrt{7})^2$　　(8)　$(-\sqrt{7})^2$

■ 次の式を計算せよ。[**64～66**]

☐ **64** (1)　$\sqrt{2}\sqrt{6}$　　　*(2)　$2\sqrt{5} \times 3\sqrt{20}$　(3)　$\dfrac{\sqrt{60}}{\sqrt{3}}$　　*(4)　$\dfrac{\sqrt{50}}{\sqrt{8}}$

☐ **65** (1)　$3\sqrt{5} - 7\sqrt{5} + 5\sqrt{5}$　　　　　*(2)　$\sqrt{20} + \sqrt{125} - \sqrt{80}$
　　*(3)　$\sqrt{200} - 3\sqrt{18} + \sqrt{50}$　　　　　(4)　$\sqrt{150} - 3\sqrt{24} + 5\sqrt{54}$

☐ **66** (1)　$\sqrt{2}(4\sqrt{2} + \sqrt{50})$　　　　　*(2)　$\sqrt{5}(\sqrt{40} - 4\sqrt{5})$
　　*(3)　$(\sqrt{5} + \sqrt{2})^2$　　　　　　(4)　$(2\sqrt{2} - \sqrt{27})^2$
　　(5)　$(\sqrt{7} + \sqrt{3})(\sqrt{7} - \sqrt{3})$　　*(6)　$(\sqrt{5} - 3)(\sqrt{5} + 3)$
　　(7)　$(2\sqrt{3} + 3\sqrt{5})(3\sqrt{3} + 2\sqrt{5})$　*(8)　$(4\sqrt{5} - 2\sqrt{7})(3\sqrt{5} + 4\sqrt{7})$

☐ **67**　次の式の分母を有理化せよ。
　　*(1)　$\dfrac{14}{3\sqrt{7}}$　　(2)　$\dfrac{1}{\sqrt{3}+1}$　*(3)　$\dfrac{1+\sqrt{2}}{1-\sqrt{2}}$　(4)　$\dfrac{2\sqrt{6}-\sqrt{3}}{\sqrt{6}+2\sqrt{3}}$

☐ ■Aの■ まとめ **68**　次の式を計算せよ。
　　(1)　$2\sqrt{27} - \sqrt{243} + \sqrt{108}$　　(2)　$(\sqrt{3} - \sqrt{2})(\sqrt{6} + 2)$
　　(3)　$\dfrac{\sqrt{3}+\sqrt{6}}{\sqrt{3}-\sqrt{6}}$　　　　(4)　$\dfrac{3-\sqrt{5}}{3+\sqrt{5}} - \dfrac{3+\sqrt{5}}{3-\sqrt{5}}$

■ 根号を含む式の計算，有理化

例題 7

(1) $(\sqrt{10}+\sqrt{7}-\sqrt{3})(\sqrt{10}-\sqrt{7}+\sqrt{3})$ を計算せよ。

(2) $\dfrac{1}{\sqrt{2}+\sqrt{5}-\sqrt{7}}$ の分母を有理化せよ。

■指針■ 3項からなる平方根の積，分母の有理化

① おき換え　② 繰り返し有理化

(1) $\sqrt{7}-\sqrt{3}=A$ とおくと　$(\sqrt{10}+A)(\sqrt{10}-A)$

(2) $(\sqrt{2})^2+(\sqrt{5})^2=(\sqrt{7})^2$ に着目し，分母の $\sqrt{}$ を1個に減らす。

解答

(1) $(\sqrt{10}+\sqrt{7}-\sqrt{3})(\sqrt{10}-\sqrt{7}+\sqrt{3})$

$=\{\sqrt{10}+(\sqrt{7}-\sqrt{3})\}\{\sqrt{10}-(\sqrt{7}-\sqrt{3})\}$

$=(\sqrt{10})^2-(\sqrt{7}-\sqrt{3})^2$

$=10-(10-2\sqrt{21})$

$=2\sqrt{21}$ **答**

(2) $\dfrac{1}{\sqrt{2}+\sqrt{5}-\sqrt{7}}=\dfrac{\sqrt{2}+\sqrt{5}+\sqrt{7}}{\{(\sqrt{2}+\sqrt{5})-\sqrt{7}\}\{(\sqrt{2}+\sqrt{5})+\sqrt{7}\}}$

$=\dfrac{\sqrt{2}+\sqrt{5}+\sqrt{7}}{(\sqrt{2}+\sqrt{5})^2-(\sqrt{7})^2}$

$=\dfrac{\sqrt{2}+\sqrt{5}+\sqrt{7}}{2\sqrt{10}}$

$=\dfrac{2\sqrt{5}+5\sqrt{2}+\sqrt{70}}{20}$ **答**

☐ **69** 次の式を計算せよ。

*(1) $(\sqrt{2}+\sqrt{3}+\sqrt{5})^2$

(2) $(1+\sqrt{2}-\sqrt{3})^2$

(3) $(\sqrt{2}+\sqrt{3}+\sqrt{5})(\sqrt{2}+\sqrt{3}-\sqrt{5})$

*(4) $(3-\sqrt{2}-\sqrt{11})(3-\sqrt{2}+\sqrt{11})$

☐ **70** 次の式を計算せよ。

*(1) $\dfrac{\sqrt{2}-\sqrt{3}+\sqrt{5}}{\sqrt{2}+\sqrt{3}-\sqrt{5}}$

(2) $\dfrac{1}{1-\sqrt{2}+\sqrt{3}}$

(3) $\dfrac{1-\sqrt{2}+\sqrt{3}}{1+\sqrt{2}-\sqrt{3}}$

*(4) $\dfrac{1+\sqrt{2}+\sqrt{3}}{1+\sqrt{2}-\sqrt{3}}+\dfrac{1-\sqrt{2}-\sqrt{3}}{1-\sqrt{2}+\sqrt{3}}$

式の値

例題 8

(1) $\dfrac{1}{\sqrt{2}-1}$ の整数部分を a, 小数部分を b とする。a, b の値を求めよ。

(2)◆ $x=\dfrac{1-\sqrt{2}}{1+\sqrt{2}}$, $y=\dfrac{1+\sqrt{2}}{1-\sqrt{2}}$ のとき，x^3+y^3 の値を求めよ。

指針 **式の値** (1) 実数 x に対して （x の小数部分）$=x-$（x の整数部分）

(2) 求める式を $x+y$, xy を用いて表す。

解答

(1) $\dfrac{1}{\sqrt{2}-1}=\dfrac{\sqrt{2}+1}{(\sqrt{2}-1)(\sqrt{2}+1)}=\sqrt{2}+1$

$1<\sqrt{2}<2$ であるから $2<\sqrt{2}+1<3$

よって $a=2$ 答

このとき $b=(\sqrt{2}+1)-a=(\sqrt{2}+1)-2=\sqrt{2}-1$ 答

(2) $x+y=\dfrac{1-\sqrt{2}}{1+\sqrt{2}}+\dfrac{1+\sqrt{2}}{1-\sqrt{2}}=\dfrac{(1-\sqrt{2})^2+(1+\sqrt{2})^2}{(1+\sqrt{2})(1-\sqrt{2})}=\dfrac{6}{-1}=-6$

$xy=\dfrac{1-\sqrt{2}}{1+\sqrt{2}}\times\dfrac{1+\sqrt{2}}{1-\sqrt{2}}=1$

よって $x^3+y^3=(x+y)^3-3xy(x+y)=(-6)^3-3\cdot1\cdot(-6)=-198$ 答

B

*71 $\sqrt{2}=1.414$, $\sqrt{3}=1.732$ とするとき，分母の有理化を利用して，次の数の近似値を求めよ。

(1) $\dfrac{2}{\sqrt{3}-1}$ (2) $\dfrac{1}{\sqrt{2}+\sqrt{3}}$

*72 $\dfrac{2\sqrt{3}}{\sqrt{3}+1}$ の整数部分を a, 小数部分を b とするとき，次の値を求めよ。

(1) a, b (2) a^2+b^2 (3) $\dfrac{a}{b}$

*73 $x=\dfrac{\sqrt{6}-2}{\sqrt{6}+2}$, $y=\dfrac{\sqrt{6}+2}{\sqrt{6}-2}$ のとき，次の式の値を求めよ。

(1) $x+y$, xy (2) x^2+y^2 (3)◆ x^3+y^3

74 $x=3-\sqrt{10}$ のとき，次の式の値を求めよ。

(1) $x+\dfrac{1}{x}$ (2) $x^2+\dfrac{1}{x^2}$ (3) $x^2-\dfrac{1}{x^2}$ (4)◆ $x^3+\dfrac{1}{x^3}$

2重根号

例題 9　次の式を2重根号をはずして簡単にせよ。

(1) $\sqrt{6+2\sqrt{8}}$　(2) $\sqrt{13-4\sqrt{3}}$　(3) $\sqrt{6-3\sqrt{3}}$

指針　2重根号　$a>0$, $b>0$ のとき　$\sqrt{(a+b)+2\sqrt{ab}}=\sqrt{a}+\sqrt{b}$

$a>b>0$　のとき　$\sqrt{(a+b)-2\sqrt{ab}}=\sqrt{a}-\sqrt{b}$

$\sqrt{p\pm2\sqrt{q}}$ の形に変形し，和がp，積がqとなる2数 a, b を見つける。

(2) 中の $\sqrt{}$ の前が2となるように変形する。

解答

(1) $\sqrt{6+2\sqrt{8}}=\sqrt{(4+2)+2\sqrt{4\cdot2}}=\sqrt{4}+\sqrt{2}=2+\sqrt{2}$ **答**

(2) $\sqrt{13-4\sqrt{3}}=\sqrt{13-2\sqrt{12}}=\sqrt{(12+1)-2\sqrt{12\cdot1}}$

$=\sqrt{12}-\sqrt{1}=2\sqrt{3}-1$ **答**

(3) $\sqrt{6-3\sqrt{3}}=\sqrt{\dfrac{12-6\sqrt{3}}{2}}=\sqrt{\dfrac{12-2\sqrt{27}}{2}}$

$=\dfrac{\sqrt{(9+3)-2\sqrt{9\cdot3}}}{\sqrt{2}}$

$=\dfrac{\sqrt{9}-\sqrt{3}}{\sqrt{2}}=\dfrac{3-\sqrt{3}}{\sqrt{2}}$

$=\dfrac{3\sqrt{2}-\sqrt{6}}{2}$ **答**

← $\dfrac{6-3\sqrt{3}}{1}$ の分母・分子に 2 を掛ける。

発展

■次の式を2重根号をはずして簡単にせよ。[**75~77**]

75 (1) $\sqrt{4+2\sqrt{3}}$　(2) $\sqrt{9-2\sqrt{20}}$　(3) $\sqrt{19-2\sqrt{48}}$

76 (1) $\sqrt{5+\sqrt{24}}$　(2) $\sqrt{11+4\sqrt{6}}$　(3) $\sqrt{12-8\sqrt{2}}$

77 (1) $\sqrt{4+\sqrt{7}}$　(2) $\sqrt{5-\sqrt{21}}$　(3) $\sqrt{10+5\sqrt{3}}$

78 次の計算は誤りである。①~④ の等号の中で誤っているものをすべてあげ，誤りと判断した理由を述べよ。

$\sqrt{4-2\sqrt{3}}\underset{①}{=}\sqrt{(1+3)-2\sqrt{1\cdot3}}\underset{②}{=}\sqrt{(\sqrt{1}-\sqrt{3})^2}\underset{③}{=}\sqrt{1}-\sqrt{3}\underset{④}{=}1-\sqrt{3}$

79 $\sqrt{11+4\sqrt{7}}$, $\sqrt{10-\sqrt{84}}$, $\sqrt{16-3\sqrt{28}}$ のうち，小数部分が $\sqrt{7}$ の小数部分と等しいものはどれか。

7 1次不等式

---

1 不等式の基本性質 (1)

① $A<B$ ならば $A+C<B+C$, $A-C<B-C$

② $A<B$, $C>0$ ならば $AC<BC$, $\dfrac{A}{C}<\dfrac{B}{C}$

③ $A<B$, $C<0$ ならば $AC>BC$, $\dfrac{A}{C}>\dfrac{B}{C}$

2 不等式 $Ax>B$ の解

$A>0$ ならば $x>\dfrac{B}{A}$, $A<0$ ならば $x<\dfrac{B}{A}$

■■A■■

☑ **80** 次の数量の大小関係を不等式で表せ。

(1) ある数 x に 5 を加えた数は, x の 2 倍より大きい。

*(2) 1 個 x 円のりんご 8 個を 100 円の箱に詰めたときの合計の値段は, 3000 円以下であった。

☑*81 $a<b$ のとき, 次の ☐ に適する不等号 > または < を書き入れよ。

(1) $a+4$ ☐ $b+4$　　(2) $a-5$ ☐ $b-5$　　(3) $7a$ ☐ $7b$

(4) $-\dfrac{a}{5}$ ☐ $-\dfrac{b}{5}$　　(5) $3-4a$ ☐ $3-4b$

☑*82 x の値 ① $x=-2$　② $x=3$　③ $x=5$　④ $x=6$ のうち, 次の不等式の解であるものを選べ。

(1) $x>4$　　　　(2) $2x-3<7$　　　　(3) $4x-1\geqq11$

☑ **83** 次の不等式を解け。また, 不等式の解を数直線上で表せ。

(1) $-3x+1<-4$　　*(2) $3x-2\leqq7-x$　　(3) $-(2x+1)<6x-1$

*(4) $2(x-2)\geqq-3(x+3)$　　*(5) $\dfrac{x-3}{4}+\dfrac{5}{2}>x$　　*(6) $0.2x-1.5<0.5x$

(7) $\sqrt{2}\,x+1>5$　　(8) $2x\leqq\sqrt{3}\,(x+1)$

*(9) $\sqrt{3}\,x-1<\sqrt{5}\,(x-\sqrt{3}\,)$

☑ ■Aの■ **84** 次の不等式を解け。また, 不等式の解を数直線上で表せ。
　まとめ

(1) $-2x-1<1$　　　　　　　　(2) $4x-1\leqq9-x$

(3) $\dfrac{4}{3}x+\dfrac{1}{6}x>\dfrac{1}{2}x-\dfrac{3}{2}$　　　　(4) $0.5x+3\leqq5-0.3x$

文字係数を含む不等式の解

例題 10

不等式 $2x+a>4-x$ について，次の問いに答えよ。
(1) 解が $x>3$ となるように，定数 a の値を定めよ。
(2) 解が $x=4$ を含むように，定数 a の値の範囲を定めよ。

指針 **不等式の解** (1) 不等式の解 $x>k$ が $x>3$ と一致するとき $k=3$
(2) 不等式の解 $x>k$ が $x=4$ を含むとき $k<4$
数直線上で考えるとわかりやすい。

解答 不等式を整理すると $3x>4-a$ よって $x>\dfrac{4-a}{3}$

(1) 解が $x>3$ であるから $\dfrac{4-a}{3}=3$ よって **$a=-5$** 答

(2) $x=4$ が $x>\dfrac{4-a}{3}$ を満たすから $\dfrac{4-a}{3}<4$

よって $4-a<12$ ゆえに **$a>-8$** 答

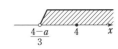

━━ B ━━

☐ **85** 次の不等式を解け。

(1) $\dfrac{3x-4}{4}>\dfrac{4x+3}{6}$

(2) $2(3x+5)\leqq0.4(4x-2)$

(3) $0.4x-0.7\geqq-1+\dfrac{1}{5}x$

*(4) $0.5x+3<5-\dfrac{1}{3}x$

☐ *86 不等式 $x+3>k+7x$ について，次の問いに答えよ。
(1) 解が $x<1$ となるように，定数 k の値を定めよ。
(2) 解が $x=0$ を含むように，定数 k の値の範囲を定めよ。

☐ **87** 次の不等式を成り立たせるような x の値のうち，自然数は何個あるか。
(1) $3-2x\geqq4x-17$

*(2) $3x+4(2-x)>x-6$

☐ *88 不等式 $\dfrac{n-5}{3}<\dfrac{3n-8}{2}$ を満たす自然数 n のうち，最小のものを求めよ。

■■■ 発展 ■■■

☐ **89** a を定数とするとき，次の不等式を解け。
(1) $ax>3$

(2) $ax-8\leqq4x-2a$

8　連立不等式，不等式の利用

1	**連立不等式 Ⓐ，Ⓑ を解く手順**

[1]　不等式 Ⓐ を解く。

[2]　不等式 Ⓑ を解く。

[3]　数直線を利用して，Ⓐ，Ⓑ の解の共通な範囲を求める。

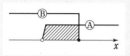

2	**文章題の解法の手順**

[1]　問題の意味を考え，何を変数にするか決める。このとき，式が作りやすいように，変数を選ぶ。

[2]　数量の間の関係を，その変数についての方程式，不等式で表す。

[3]　[2] の方程式，不等式を解いて，解を求める。

[4]　求めた解が問題に適するかどうかを調べ，問題の要求する答えを定める。

■■ A ■■

90　次の不等式を解け。

*(1) $\begin{cases} x+1<4 \\ x-2\geqq -7 \end{cases}$

*(2) $\begin{cases} x-1\leqq 3 \\ x+1<-4 \end{cases}$

(3) $\begin{cases} 1\leqq 6-x \\ x+2>3 \end{cases}$

*(4) $\begin{cases} 2x-1>1 \\ 7<1-3x \end{cases}$

*(5) $\begin{cases} x+2<3x-8 \\ 10x-5(x-2)>8(x-2)+5 \end{cases}$

(6) $\begin{cases} 7x-6\leqq 2(x+6) \\ 6x-5>3x-8 \end{cases}$

(7) $\begin{cases} x-3<5x+4 \\ \dfrac{x-5}{4}\geqq \dfrac{2x+3}{10} \end{cases}$

(8) $\begin{cases} \dfrac{x}{2}+\dfrac{1}{3}>\dfrac{3}{4}x-\dfrac{1}{3} \\ 2x+3\leqq 4x-1 \end{cases}$

*(9)　$2x-3<3x-2<x+4$

*(10)　$5-\dfrac{x}{2}\leqq 2x\leqq \dfrac{x+10}{3}$

91　ある数 x を 8 倍しても 100 以下であるが，20 倍すると 200 を超えるという。整数 x を求めよ。

Aのまとめ　**92**　次の不等式を解け。

(1) $\begin{cases} 3x+1\leqq 4(x-2) \\ 6x-1>x-3 \end{cases}$

(2)　$1-3x<4x\leqq 2x+3$

式の値の範囲

例題 11

(1) $p < q$, $r < s$ ならば $p + r < q + s$ が成り立つことを示せ。

(2) $1 < a < 5$, $-3 < b < 2$ のとき，(1)の結果を利用して，$2a + 3b$, $2a - 3b$ の値の範囲を求めよ。

指針 **不等式の基本性質** (2)　④　$A > B$, $B > C$ ならば　$A > C$

　　　　　　　　　　⑤　$A > B$, $C > D$ ならば　$A + C > B + D$

解答 (1) $p < q$ の両辺に r を加えると　　　$p + r < q + r$　　……①

　　　　 $r < s$ の両辺に q を加えると　　　　　$q + r < q + s$　……②

　　　　①，②から　　　$p + r < q + r < q + s$　　　よって　　$p + r < q + s$ 終

(2) $1 < a < 5$ から　　　$2 < 2a < 10$

　　$-3 < b < 2$ から　　$-9 < 3b < 6$, $-6 < -3b < 9$

　　(1)の結果から　　　$2 + (-9) < 2a + 3b < 10 + 6$, $2 + (-6) < 2a - 3b < 10 + 9$

　　したがって　　　　**$-7 < 2a + 3b < 16$, $-4 < 2a - 3b < 19$** 答

注意 $p \leqq q$, $r \leqq s \implies p + r \leqq q + r$, $q + r \leqq q + s \implies p + r \leqq q + s$

$p < q$, $r \leqq s \implies p + r < q + r$, $q + r \leqq q + s \implies p + r < q + s$

B

☑ *93 (1) $2 < x < 5$, $3 < y < 4$ のとき，$3x + 5y$, $4x - 2y$ の値の範囲を求めよ。

　　　(2) $2 \leqq x \leqq 3$, $6 \leqq y \leqq 9$ のとき，xy の値の範囲を求めよ。

☑ *94 (1) x, y の小数第1位を四捨五入するとそれぞれ 5，7 となるとき，$3x - 5y$, xy の値の範囲を求めよ。

　　　(2) $\dfrac{4x - 1}{3}$ の値の小数第1位を四捨五入して 3 となる x の値の範囲を求めよ。

☑ 95 1個 70円のりんごと1個 40円のみかんを合わせて 50個買いたい。3000円以下で買うとき，りんごは最大で何個買えるか。

☑ *96 地点Aから地点Bまでの道のりは 24 km である。この道のりを初めは時速 4 km，途中からは時速 3 km で歩いたら，所要時間は 7 時間以内であった。時速 4 km で歩いた道のりは何 km 以上か。

☑ *97 ある高等学校の1年生全員が長いすに座っていくとき，1脚に6人ずつ座っていくと 15人が座れなくなる。また，1脚に7人ずつ座っていくと，使わない長いすが 3脚できる。長いすの数は何脚以上何脚以下か。

発展

☑ 98 連立不等式 $x - 6 < 5 - x$, $5x + 1 \leqq 6x + a$ を満たす x の整数値が 5 のみとなるように，a の値の範囲を定めよ。

9　絶対値を含む方程式・不等式

1　絶対値を含む方程式・不等式

① $c>0$ のとき　$|A|=c$　ならば　$A=\pm c$

　　　　　　　　$|A|<c$　ならば　$-c<A<c$

　　　　　　　　$|A|>c$　ならば　$A<-c$ または $c<A$

　例　$|x|=3$ の解は $x=\pm3$ ┊ $|x-2|=3 \Longrightarrow x-2=\pm3$

　　　　　　　　　　　　　　　　　　　解は $x=5,\ -1$

　　　$|x|<3$ の解は $-3<x<3$ ┊ $|x-2|<3 \Longrightarrow -3<x-2<3$

　　　　　　　　　　　　　　　　　　　解は $-1<x<5$

　　　$|x|>3$ の解は $x<-3,\ 3<x$ ┊ $|x-2|>3 \Longrightarrow x-2<-3$ または $3<x-2$

　　　　　　　　　　　　　　　　　　　解は $x<-1,\ 5<x$

② 場合分けによって絶対値記号をはずす。

　　$A\geqq0$ のとき　$|A|=A,$　　　$A<0$ のとき　$|A|=-A$

　例　$x\geqq0$ のとき　$|x|=x,$　　　$x<0$ のとき　$|x|=-x$

　　　$x\geqq2$ のとき　$|x-2|=x-2,$　$x<2$ のとき　$|x-2|=-(x-2)$

☑ **99** (1)　次の方程式を解け。

*(ア)　$|x|=6$　　　　　　　　　　(イ)　$|x|=10$

(2)　次の不等式を解け。

*(ア)　$|x|<6$　　*(イ)　$|x|\geqq6$　　(ウ)　$|x|\leqq10$　　(エ)　$|x|>10$

☑ **100**　次の方程式を解け。

(1)　$|x-3|=8$　　　　(2)　$|x+5|=4$　　　　*(3)　$|3x+1|=5$

☑ **101**　次の不等式を解け。

(1)　$|x-3|<8$　　　　(2)　$|x-3|>8$　　　　(3)　$|x-3|\leqq8$

(4)　$|x+6|<4$　　　*(5)　$|3x-7|>8$　　　*(6)　$|4x+7|\leqq6$

☑ **102**　次の方程式，不等式を解け。

(1)　$|x-4|=0$　　　　　　　　(2)　$|x-4|>-1$

(3)　$|x-4|<-1$　　　　　　　(4)　$|x-4|\leqq0$

☑ **Aの まとめ** **103**　次の方程式，不等式を解け。

(1)　$|3x-2|=1$　　　　(2)　$|3x+9|>1$

(3)　$|4x-9|\leqq3$　　　　(4)　$|x+3|\leqq0$

絶対値を含む方程式

例題 12　方程式 $|x|+|x-6|=8$ を解け。

指針　絶対値　場合に分ける
① 絶対値記号の中が,
　　[1] ともに負　　[2] 一方が 0 以上で他方が負　　[3] ともに 0 以上
　の 3 つの場合に分け, 絶対値記号をはずす。
② 絶対値記号をはずした方程式を解く。
③ ① で場合分けした x の条件と ② の解を同時に満たすものが解。

解答
[1] $x<0$ のとき　　　　　　　　　　　　　　　　　　　← $x<0$, $x-6<0$
　$|x|=-x$, $|x-6|=-(x-6)$ であるから, 方程式は
　　$-x-(x-6)=8$　　これを解くと　　$x=-1$
　これは $x<0$ を満たす。
[2] $0\leqq x<6$ のとき　　　　　　　　　　　　　　　← $x\geqq0$, $x-6<0$
　$|x|=x$, $|x-6|=-(x-6)$ であるから, 方程式は
　　$x-(x-6)=8$　　この方程式の解はない。
[3] $x\geqq6$ のとき　　　　　　　　　　　　　　　　　← $x\geqq0$, $x-6\geqq0$
　$|x|=x$, $|x-6|=x-6$ であるから, 方程式は
　　$x+(x-6)=8$　　これを解くと　　$x=7$
　これは $x\geqq6$ を満たす。
[1]～[3] から, 求める解は　　$x=-1, 7$　**答**

☑ **104** 次の式の絶対値記号をはずせ。
　*(1) $|x-1|$　　　(2) $|x+3|$　　　(3) $|2x-5|$　　　*(4) $|3x+5|$

☑ **105** 次の方程式, 不等式を解け。
　*(1) $|2x-6|=x$　　　(2) $|2x-6|>x$　　　(3) $|2x+5|=-3x$
　(4) $|2x+5|<-3x$　　　(5) $|2x-3|>2x$　　　*(6) $|2x-3|\leqq2x$

☑***106** 次の方程式を解け。
　(1) $|x|+|x-3|=5$　　　　　　　(2) $|x|+|2x-4|=2x$

発展

☑ **107** $x<3$ のとき, $\sqrt{x^2-6x+9}$ を x の多項式で表せ。

☑ **108** 次の不等式を解け。
　(1) $|x|+|x-3|>5$　　　　　　　(2) $|x|+|2x-4|<2x$

10　第1章　演習問題

■■式の値

例題 **13**

(1) $x+\dfrac{1}{x}=5$ のとき，$x-\dfrac{1}{x}$ の値を求めよ。

(2) $x=\dfrac{-1+\sqrt{5}}{2}$ のとき，x^5+3x^4 の値を求めよ。

■指針■ 式の値の求め方 (1) $\left(x-\dfrac{1}{x}\right)^2=\left(x+\dfrac{1}{x}\right)^2-4$ に着目。

(2) 次数の高い式は，次数を下げることを考える。

解答

(1) $\left(x-\dfrac{1}{x}\right)^2=x^2+\dfrac{1}{x^2}-2=\left(x+\dfrac{1}{x}\right)^2-4=5^2-4=21$

よって　　$x-\dfrac{1}{x}=\pm\sqrt{21}$ **答**

(2) $x=\dfrac{-1+\sqrt{5}}{2}$ から　　$2x+1=\sqrt{5}$　　　両辺を2乗して　　$(2x+1)^2=5$

整理すると　　$x^2+x-1=0$　　　よって　　$x^2=-x+1$

ゆえに　　$x^4=(x^2)^2=(-x+1)^2=x^2-2x+1$

　　　　　　　$=(-x+1)-2x+1=-3x+2$

よって　　$x^5+3x^4=x^4(x+3)=(-3x+2)(x+3)=-3x^2-7x+6$

　　　　　　　$=-3(-x+1)-7x+6=-4x+3$

　　　　　　　$=-4\cdot\dfrac{-1+\sqrt{5}}{2}+3=5-2\sqrt{5}$ **答**

B

☐ **109** ある多項式から $3x^2-xy+2y^2$ を引くところを，誤ってこの式を加えたので，答えが $2x^2+xy-y^2$ となった。正しい答えを求めよ。

☐ **110** $(5x^3-6x^2+3x-4)(2x^4+3x^3-x^2-7x+8)$ を展開したとき，x^5 の係数と x^2 の係数を求めよ。

☐ **111** 次の式を因数分解せよ。

(1) $2x^2-3xy-2y^2-10x+5y+12$ 　　(2)♦ $x^3(y-z)+y^3(z-x)+z^3(x-y)$

(3) $(a^2+3a-2)(a^2+3a+4)-27$ 　　(4)♦ $x^5+x^4+x^3+x^2+x+1$

(5)♦ $x^3+x^2-xy+y^3+y^2$ 　　　　(6) $x^3y-x^2y+x^2-xy^3+y^3-y^2$

☐ **112** (1) $a+\dfrac{1}{a}=3$ のとき，$a^2+\dfrac{1}{a^2}$，$\left(a-\dfrac{1}{a}\right)^2$，$a-\dfrac{1}{a}$ の値を求めよ。

(2) $x=\dfrac{3-\sqrt{5}}{2}$ のとき，x^3-2x^2，x^4-3x^3 の値を求めよ。

第1章

数と式

■絶対値を含む不等式

例題 **14**

a を正の定数として，不等式 $|x-2|<a$ ……① を考える。
(1) 不等式①の解を求めよ。
(2) 不等式①を満たす整数 x がちょうど5個存在するような a の値の範囲を求めよ。

指針 (1) $c>0$ のとき $|A|<c$ ならば $-c<A<c$
(2) 数直線を利用するとわかりやすい。

解答 (1) $-a<x-2<a$ であるから
$$2-a<x<2+a \quad \text{答}$$
(2) ①の解は，数直線上で2からの距離が a より小さい実数であるから
$$4<2+a\leqq5$$
よって　$2<a\leqq3$ **答**

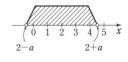

参考 $2+a=4$ のとき，(1)から　$0<x<4$
これは条件を満たさない。

☑ **113** a を定数とするとき，方程式 $a^2x+1=a(x+1)$ を解け。

☑ **114** 連立不等式 $\begin{cases} 4-3x<2x+1\leqq x+6 \\ 2\sqrt{(x-3)^2}\geqq x-1 \end{cases}$ を解け。

☑ **115** a を定数とする。次の (I)～(Ⅲ) の連立不等式のうち，解が $x=2$ となるような a の値が存在するものを選べ。また，そのときの a の値を求めよ。

(I) $\begin{cases} 6x-1\geqq x+9 \\ x-a\leqq2x+1 \end{cases}$　(Ⅱ) $\begin{cases} 6x-1\geqq x+9 \\ x-a\geqq2x+1 \end{cases}$　(Ⅲ) $\begin{cases} 6x-1\geqq x+9 \\ x-a>2x+1 \end{cases}$

☑ **116** 100円，10円，5円の硬貨が合わせて50枚，合計金額で2000円ある。このとき，それぞれの硬貨の枚数を求めよ。

☑ **117** a を正の定数とする。不等式 $|-2x+3|\leqq a$ を満たす整数 x がちょうど4個存在するような a の値の範囲を求めよ。

■■■■ 発展 ■■■■

☑ **118** $x=a^2+1 \ (a>0)$ のとき，$\sqrt{x+2a}-\sqrt{x-2a}$ を a で表せ。

☑ **119** 方程式 $\sqrt{x^2}+\sqrt{x^2-4x+4}=4$ を解け。

11 集 合

---

1 集 合
- ① $A \subset B$ $x \in A$ ならば $x \in B$
  $A = B$ 要素が完全に一致。$A \subset B$ かつ $B \subset A$
- ② **共通部分** $A \cap B = \{x \mid x \in A$ かつ $x \in B\}$
  和集合 $A \cup B = \{x \mid x \in A$ または $x \in B\}$
  空集合 ∅ 要素を1つももたない集合
- ③ **補集合** 全体集合 U に関する A の補集合 $\overline{A} = \{x \mid x \in U$ かつ $x \notin A\}$
  1. 性質 $A \cap \overline{A} = \varnothing$, $A \cup \overline{A} = U$, $\overline{\overline{A}} = A$, $A \subset B$ ならば $\overline{A} \supset \overline{B}$
  2. ド・モルガンの法則 $\overline{A \cup B} = \overline{A} \cap \overline{B}$, $\overline{A \cap B} = \overline{A} \cup \overline{B}$

■■**A**■■

☑ **120** 集合 $A = \{2, 3, 5, 7, 11\}$ について,次の ☐ に ∈ または ∉ を入れよ。
- (1) 3☐A　　(2) 1☐A　　(3) 6☐A　　(4) 7☐A

☑ **121** 次の集合を,要素を書き並べて表せ。
- (1) $\{n \mid -2 \leq n \leq 5,\ n$ は整数$\}$　　*(2) $\{n^2 \mid -1 < n \leq 2,\ n$ は整数$\}$
- (3) $\{x \mid x$ は13以下の正の奇数$\}$　　*(4) $\{x \mid x$ は24の正の約数$\}$

☑ **122** 次の集合 A, B の間に成り立つ関係を,記号 ⊂, = を用いて表せ。
- (1) $A = \{2, 4, 6, 8\}$,　　　　$B = \{4, 8\}$
- *(2) $A = \{3n-1 \mid n=1, 2\}$,　　$B = \{x \mid (x-2)(x-5)=0,\ x$ は整数$\}$

☑***123** $A = \{1, 3, 5, 7, 9\}$ とする。集合 $P = \{3, 5, 9\}$, $Q = \{5, 6, 7\}$,
$R = \{2, 4, 8\}$, $S = \varnothing$ のうち,集合 A の部分集合であるものはどれか。

☑***124** 集合 $\{p, q, r, s\}$ の部分集合をすべて求めよ。

☑***125** $U = \{1, 2, 3, 4, 5, 6, 7, 8, 9, 10\}$ を全体集合とする。U の部分集合
$A = \{1, 2, 3, 5, 7\}$, $B = \{2, 3, 8, 10\}$ について,次の集合を求めよ。
- (1) $A \cap B$　　(2) $A \cup B$　　(3) $\overline{A}$　　(4) $\overline{B}$
- (5) $A \cap \overline{B}$　　(6) $A \cup \overline{B}$　　(7) $\overline{A} \cup \overline{B}$　　(8) $\overline{A \cap B}$

☑ ■**A の**■
まとめ **126** $U = \{1, 2, 3, 4, 5, 6, 7, 8\}$ を全体集合とする。U の部分集合
$A = \{x \mid x$ は8の正の約数$\}$, $B = \{x \mid x$ は偶数, $1 \leq x \leq 8\}$ について,
次の集合を,要素を書き並べて表せ。
- (1) $A \cap B$　　(2) $A \cup B$　　(3) $\overline{A} \cap B$　　(4) $\overline{A \cup B}$

集合と要素の関係

例題 15　$U=\{n\,|\,1\leqq n\leqq 9,\ n$ は自然数$\}$ を全体集合とする。
$A\cap B=\{3,\ 7\}$, $A\cup B=\{2,\ 3,\ 6,\ 7,\ 9\}$, $\overline{A}\cap B=\{9\}$
であるとき，A, $\overline{B}$, $\overline{A}\cup B$ を求めよ。

指針　**集合の決定**　図をかいて考えるとわかりやすい。
　　　　右のような図を「**ベン図**」という。

解答　条件から右の図のようになる。この図から
$$A=\{2,\ 3,\ 6,\ 7\}　\text{答}$$
$$\overline{B}=\{1,\ 2,\ 4,\ 5,\ 6,\ 8\}　\text{答}$$
$$\overline{A}\cup B=\{1,\ 3,\ 4,\ 5,\ 7,\ 8,\ 9\}　\text{答}$$

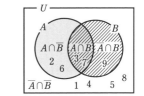

☐***127**　全体集合 U の部分集合 A, B について，$A\subset B$ のとき，次の ☐ の中に適する文字や記号を入れよ。
　(1) $A\cap B=$ ☐　　　(2) $A\cup B=$ ☐　　　(3) $A\cap\overline{B}=$ ☐

☐ **128**　$S=\{x\,|\,x$ は 1 桁の正の奇数$\}$ とする。次の集合を，要素を書き並べて表せ。
　(1) $\{2x+3\,|\,x\in S\}$　　　　(2) $\{x^2\,|\,x\in S\}$

☐***129**　$A=\{n\,|\,n$ は 16 の正の約数$\}$, $B=\{n\,|\,n$ は 24 の正の約数$\}$,
　　　$C=\{n\,|\,n$ は 8 以下の自然数$\}$ とする。次の集合を，要素を書き並べて表せ。
　(1) $A\cap B\cap C$　　　　　　(2) $A\cup B\cup C$

☐ **130**　$U=\{x\,|\,x$ は 10 以下の自然数$\}$ を全体集合とする。U の部分集合
　　　$A=\{1,\ 2,\ 3,\ 4,\ 8\}$, $B=\{3,\ 4,\ 5,\ 6\}$, $C=\{2,\ 3,\ 6,\ 7\}$
　について，次の集合を求めよ。
　(1) $A\cap B\cap C$　　　(2) $A\cup B\cup C$　　　*(3) $A\cap B\cap\overline{C}$
　*(4) $\overline{A\cap B\cap C}$　　　(5) $(A\cap B)\cup C$　　　*(6) $(A\cup C)\cap\overline{B}$

☐***131**　$U=\{1,\ 2,\ 3,\ 4,\ 5,\ 6,\ 7\}$ を全体集合とする。
　　　$A\cap B=\{1,\ 2\}$, $\overline{A}\cap B=\{4,\ 7\}$, $\overline{A}\cap\overline{B}=\{3\}$
　であるとき，A, B, $A\cup\overline{B}$ を求めよ。

☐ **132**　$A=\{3,\ a,\ 2a+1\}$, $B=\{5,\ 6,\ 3a-3\}$, $A\cap B=\{3,\ 5\}$ のとき，定数 a の値と和集合 $A\cup B$ を求めよ。

12 命題と条件

条件 p, q を満たすもの全体の集合をそれぞれ P, Q とする。

1 命題 $p \Longrightarrow q$ の真偽と集合

① 命題「$p \Longrightarrow q$」が真 $\iff P \subset Q$

命題「$p \iff q$」が真 $\iff P = Q$

② 命題が偽であることを示すには，その **反例を1つ** あげればよい。

2 条件「かつ」，「または」の否定

① $\overline{p \text{ かつ } q} \iff \overline{p} \text{ または } \overline{q}$ ｜ 集合で表すと $\overline{P \cap Q} = \overline{P} \cup \overline{Q}$

② $\overline{p \text{ または } q} \iff \overline{p} \text{ かつ } \overline{q}$ ｜ 集合で表すと $\overline{P \cup Q} = \overline{P} \cap \overline{Q}$

A

☐*133 次の中から命題を選べ。また，命題についてはその真偽を調べよ。

(1) 1.41 は $\sqrt{2}$ に近い値である。　(2) 1.41 は $\sqrt{2}$ より大きい値である。

(3) 4^2 は 2^4 と等しい値である。　(4) -10^{24} は小さい数である。

☐ 134 x は実数とする。集合を用いて，次の命題の真偽を調べよ。

*(1) $1 < x < 2 \Longrightarrow 1 < x < 3$　(2) $x < 1 \Longrightarrow 0 < x < 1$

(3) $|x| < 3 \Longrightarrow x < 3$　*(4) $|x| \leqq 2 \Longrightarrow |x-1| < 3$

☐ 135 n は自然数とする。次の命題の真偽を調べよ。偽のときは反例をあげよ。

*(1) n が偶数 $\Longrightarrow n$ は4の倍数　(2) n が奇数 $\Longrightarrow 10n+1$ は素数

☐*136 次の条件を満たす実数 x 全体の集合を求めよ。

(1) $-6 < x < 5$ かつ $2 \leqq x \leqq 10$　(2) $-8 < x < 1$ または $-4 \leqq x \leqq 7$

☐ 137 a は実数とする。次の条件の否定を述べよ。

(1) $a = -1$　*(2) $a \geqq 5$　*(3) $-2 \leqq a < 1$　(4) a は正の数

☐ 138 x, y は実数とする。次の条件の否定を述べよ。

*(1) $x = 3$ かつ $y = 5$　*(2) $x > 4$ または $y \geqq 4$

(3) $x > 8$ または $x < 3$　(4) $5 \leqq x < 10$

☐ **Aの まとめ** 139 m, n は整数，x, y は実数とする。次の条件の否定を述べよ。

(1) m, n はともに奇数

(2) m, n の少なくとも一方は3の倍数

(3) $x > 0$ または $y \leqq 0$　(4) $x = 0$ かつ $y \neq 0$

■ 命題の真偽

例題 16

x, yは実数とする。次の命題の真偽を調べよ。

(1) 「$x+y>0$ かつ $xy>0$」ならば「$x>0$ かつ $y>0$」である。

(2) $x+y$ と xy が整数ならば，xもyも整数である。

指針 **命題 $p \implies q$ の真偽** 真をいうなら証明し，偽をいうなら反例（pであってqでない例）を1つあげる。

解答
(1) $xy>0$ ならば 「$x>0$ かつ $y>0$」または「$x<0$ かつ $y<0$」
このうち $x+y>0$ を満たすものは $x>0$ かつ $y>0$
よって，命題は **真** **答**

(2) $x=3+\sqrt{2}$，$y=3-\sqrt{2}$ とすると，$x+y=6$，$xy=7$（ともに整数）であるが，x，yは整数ではない。
よって，命題は **偽** **答**

B

☐ **140** 自然数全体を全体集合とする。2の倍数全体の集合をP，3の倍数全体の集合をQとするとき，次の条件を満たす自然数の集合をP，Qで表せ。

*(1) 6の倍数 　　*(2) 3の倍数で奇数 　　(3) 3の倍数でない奇数

☐ **141** m, nは整数とする。次の命題の真偽を調べよ。

(1) 「mは偶数 かつ nは偶数」$\implies$ $m+n$ は偶数

*(2) 「mは奇数 かつ nは奇数」$\implies$ $m+n$ は奇数

*(3) 「mは偶数 かつ nは偶数」$\implies$ mn は偶数

(4) 「mは奇数 かつ nは奇数」$\implies$ mn は奇数

☐ **142** x, yは実数とする。次の命題の真偽を調べよ。

*(1) $xy>0 \implies$「$x>0$ または $y>0$」

(2) $xy=0 \implies$「$x=0$ かつ $y=0$」

(3) $x+y>0 \implies$「$x>0$ かつ $y>0$」

*(4) 「$x+y=2$ かつ $xy=0$」$\implies$「$x=0$ かつ $y=2$」

☐***143** nは整数とする。次の命題の真偽を調べよ。

(1) n^2 が4の倍数 $\implies$ nは4の倍数

(2) nが3の倍数 $\implies$ n^2+n は6の倍数

....

ヒント **143** (1) n^2 が4の倍数になるためには，nが2の倍数であればよい。

(2) $n^2+n=n(n+1)$ 　nと$n+1$のどちらかは偶数であるから積は偶数。

13 必要条件と十分条件

1 必要条件と十分条件

① $p \Longrightarrow q$ が真であるとき p は q であるための **十分条件**
　　　　　　　　　　　　　　q は p であるための **必要条件**

② $p \Longrightarrow q,\ q \Longrightarrow p$ がともに真, すなわち $p \Longleftrightarrow q$ が成り立つとき
　　p は q であるための **必要十分条件** ⎫
　　　　　　　　　　　　　　　　　　　　⎬ (p と q は互いに **同値**)
　　q は p であるための **必要十分条件** ⎭

▓▓ A ▓▓

☑ **144** $x,\ y,\ z$ は実数とする。次の ☐ の中は,「必要条件であるが十分条件ではない」,「十分条件であるが必要条件ではない」,「必要十分条件である」,「必要条件でも十分条件でもない」のうち, それぞれどれが適するか。

*(1) 「$x=5$ かつ $y=7$」は $x+y=12$ であるための ☐。

(2) 「$x=5$ または $y=7$」は $x+y=12$ であるための ☐。

(3) $x=2$ は $x^2-4=0$ であるための ☐。

*(4) $x>0$ は $x>1$ であるための ☐。

*(5) $x=y$ は $x+z=y+z$ であるための ☐。

☑ ***145** $m,\ x,\ y$ は実数とする。次の p は q であるための必要条件か, 十分条件か, 必要十分条件か, あるいはいずれでもないか。最も適するものを答えよ。

(1) $p:2x-y=3$ かつ $x+y=3$ 　　$q:x=2$ かつ $y=1$

(2) $p:mx=my$ 　　　　　　　　　$q:x=y$

(3) $p:\triangle \mathrm{ABC} \equiv \triangle \mathrm{PQR}$ 　　　　$q:\triangle \mathrm{ABC} \backsim \triangle \mathrm{PQR}$

☑ ***146** $a,\ b$ は実数とする。次の条件のうち, 互いに同値であるものを選べ。

① $ab=0$ 　　　　　　　　　② $ab<0$

③ $a=0$ かつ $b=0$ 　　　　④ $a=0$ または $b=0$

⑤ $a>0$ かつ $b>0$ 　　　　⑥ $a<0$ かつ $b<0$

⑦ $a+b>0$ かつ $ab>0$ 　　⑧ $a+b<0$ かつ $ab>0$

☑ ▓Aの▓ まとめ **147** $x,\ y$ は実数とする。次の p は q であるための必要条件か, 十分条件か, 必要十分条件か, あるいはいずれでもないか。最も適するものを答えよ。

(1) $p:x=2$ 　　　　　$q:x^2-6x+8=0$

(2) $p:x \neq 0$ 　　　　$q:x^2 \neq 0$

(3) $p:x+y$ は有理数 　$q:x,\ y$ は有理数

第2章 集合と命題

必要条件と十分条件

例題 17

a, b は実数とする。次の □ の中は,「必要条件であるが十分条件ではない」,「十分条件であるが必要条件ではない」,「必要十分条件である」,「必要条件でも十分条件でもない」のうち,それぞれどれが適するか。

(1) $a+b>0$ は「$a>0$ かつ $b>0$」であるための □。

(2) $a>2$ は $a^2 \neq 1$ であるための □。

指針 **必要条件と十分条件** ① 与えられた命題を $p \implies q$ の形に書き,真偽を調べる。
② 次に,その逆 $q \implies p$ の真偽を調べる。

解答 (1) $a+b>0 \implies$「$a>0$ かつ $b>0$」について
これは偽。 反例は $a=2$, $b=-1$
「$a>0$ かつ $b>0$」$\implies a+b>0$ について
これは,明らかに真。
したがって,**必要条件であるが十分条件ではない**。答

(2) $a>2 \implies a^2 \neq 1$ について
$a>2$ のとき $a^2>4$ であるから真。
$a^2 \neq 1 \implies a>2$ について
これは偽。 反例は $a=0$
したがって,**十分条件であるが必要条件ではない**。答

□ **148** a, b, c は実数とする。次の p は q であるための必要条件か,十分条件か,必要十分条件か,あるいはいずれでもないか。最も適するものを答えよ。

*(1) p:$ab=0$ かつ $a \neq 0$ 　　　　q:$b=0$

(2) p:$(a-b)(a-c)=0$ 　　　　q:$a=b$ または $a=c$

(3) p:$a+b>0$ 　　　　q:$ab>0$

*(4) p:$a^2=b^2$ 　　　　q:$|a|=|b|$

発展

□ **149** 次の命題の否定を述べよ。また,もとの命題とその否定の真偽を調べよ。

(1) すべての実数 x について $(x+3)^2 \neq 0$

(2) ある自然数 n について n^2+1 は奇数

ヒント **149** 一般に「すべての x について p である」の否定は「ある x について p でない」
「ある x について p である」の否定は「すべての x について p でない」

14 命題と証明

1 逆・対偶・裏
① 命題 $p \Longrightarrow q$ に対して

逆 ：$q \Longrightarrow p$

対偶：$\bar{q} \Longrightarrow \bar{p}$

裏 ：$\bar{p} \Longrightarrow \bar{q}$

② 命題とその逆の真偽は必ずしも一致しない。

③ 命題とその対偶の真偽は一致する。

2 間接証明法
命題 $p \Longrightarrow q$ の証明（直接証明が難しいとき，間接証明法が有効）
① 対偶 $\bar{q} \Longrightarrow \bar{p}$ を証明する。
② **背理法** p かつ $\bar{q}$ を仮定して矛盾を導く。

■■ A ■■

☑*150 x は実数とする。次の命題の逆，対偶を述べ，それらの真偽を調べよ。

(1) $x=2 \Longrightarrow (x-2)(x-3)=0$

(2) $(x-2)(x-3) \neq 0 \Longrightarrow x \neq 2$

(3) $(x-2)(x-3)=0 \Longrightarrow$ 「$x=2$ または $x=3$」

☑ 151 次の命題の真偽を調べよ。また，その逆，対偶，裏を述べ，それらの真偽を調べよ。

(1) 正方形はひし形である。

(2) 3の倍数は6の倍数である。

☑*152 x, y は実数とする。対偶を考えて，次の命題を証明せよ。

(1) $x+y>5 \Longrightarrow$ 「$x>3$ または $y>2$」

(2) $y^2 \neq y \Longrightarrow y \neq 1$

☑ 153 $\sqrt{3}$ が無理数であることを用いて，次の数が無理数であることを証明せよ。

*(1) $1+\sqrt{3}$ (2) $\sqrt{12}$ *(3) $\dfrac{2}{\sqrt{3}}$

☑ **Aの まとめ** 154 x, y は実数とする。次の命題の真偽を調べよ。また，その逆，対偶，裏を述べ，それらの真偽を調べよ。

(1) 「$x>0$ かつ $y>0$」 $\Longrightarrow xy>0$

(2) $(x-3)(y-6)=0 \Longrightarrow$ 「$x=3$ または $y=6$」

整数に関する命題

例題 18

m, n は整数とする。次の命題を証明せよ。
(1) mn が奇数ならば，m, n はともに奇数である。
(2) m^2+n^2 が奇数ならば，mn は偶数である。

指針 **対偶による証明** 整数はある整数 k を用いて (偶数)$=2k$，(奇数)$=2k+1$ などと表される。ここでは対偶を利用して証明する。

解答 (1) 対偶「m, n の少なくとも一方が偶数ならば，mn は偶数である」を証明する。
m が偶数である場合を考えればよい。
このとき，整数 k を用いて $m=2k$ と表される。
よって　$mn=(2k)\cdot n=2(kn)$
kn は整数であるから，mn は偶数である。
したがって，対偶が真であるから，もとの命題も真である。∎

(2) 対偶「mn が奇数ならば，m^2+n^2 は偶数である」を証明する。
(1)から，mn が奇数のとき，m, n はともに奇数である。
このとき，整数 k, l を用いて $m=2k+1$, $n=2l+1$ と表される。
よって　$m^2+n^2=(2k+1)^2+(2l+1)^2=2(2k^2+2k+2l^2+2l+1)$
$2k^2+2k+2l^2+2l+1$ は整数であるから，m^2+n^2 は偶数である。
したがって，対偶が真であるから，もとの命題も真である。∎

B

155 a, b は実数とする。対偶を考えて，次の命題を証明せよ。
*(1) $ab=1 \Longrightarrow$ 「$a\neq 0$ かつ $b\neq 0$」
(2) $a+b=1 \Longrightarrow$ 「$a>0$ または $b>0$」

156 m, n は整数とする。次の命題を証明せよ。
*(1) n^3+1 が奇数ならば，n は偶数である。
*(2) $2m=3n$ ならば，m は 3 の倍数である。
(3) mn が 3 の倍数ならば，m または n は 3 の倍数である。

*157 (1) 整数 m について，m^2 が 5 の倍数ならば m は 5 の倍数である。このことを用いて，$\sqrt{5}$ は無理数であることを証明せよ。
(2) (1)の結果を用いて，$\sqrt{3}+\sqrt{15}$ は無理数であることを証明せよ。

158 *(1) a, b が有理数，u が無理数で，$a+bu=0$ であるならば，$a=0$ かつ $b=0$ であることを証明せよ。
(2) 次の等式を満たす有理数 p, q の値を求めよ。
(ア) $(p-3)+(q+2)\sqrt{5}=0$　　　*(イ) $(1+\sqrt{5})p+(3-2\sqrt{5})q=0$

15 第2章 演習問題

■■集合の包含関係

例題 19

2つの集合 $A=\{8m+3n \mid m,\ n$ は整数$\}$, $B=\{n \mid n$ は整数$\}$ について，次のことを示せ。

(1) $A \subset B$　　　　(2) $1 \in A$　　　　(3) $A=B$

■指針■ **集合の包含関係** 例えば,

集合 P の要素がすべて Q に属していれば　　$P \subset Q$

集合 P の要素と集合 Q の要素が一致すれば　　$P=Q$　　となる。

(1) $a \in A$ ならば $a \in B$ を示す。

(3) $A \subset B$ かつ $B \subset A$ を示す。

解答

(1) $a \in A$ ならば $a=8m+3n$ $(m,\ n$ は整数$)$ と表される。

8m+3n は整数であるから　　$a \in B$

よって　　$A \subset B$　……①　終

(2) $1=8\cdot(-1)+3\cdot3$ であるから　　$1 \in A$　終

(3) $x \in B$ とする。

(2)から　　$x=1\cdot x=\{8\cdot(-1)+3\cdot3\}x=8\cdot(-x)+3\cdot3x$

$-x,\ 3x$ は整数であるから　　$x \in A$

よって　　$B \subset A$　……②

①, ②から　　$A=B$　終

■■■■ B ■■■■

159 実数全体を全体集合とし，$A=\{x \mid -3 \leqq x \leqq 5\}$, $B=\{x \mid |x|<4\}$,
$C=\{x \mid k-7 \leqq x < k+3\}$ （k は定数）とする。

(1) 次の集合を求めよ。

(ア) $\overline{B}$　　　　　(イ) $A \cup \overline{B}$　　　　　(ウ) $A \cap \overline{B}$

(2) $A \subset C$ となる k の値の範囲を求めよ。

■■■■ 発展 ■■■■

160 3の倍数全体の集合を A，6の倍数全体の集合を B とするとき，$A \supset B$ を示せ。

161 2つの集合 $A=\{5x+3y \mid x,\ y$ は整数$\}$, $B=\{x \mid x$ は整数$\}$ について，次のことを示せ。

(1) $A \subset B$　　　　(2) $1 \in A$　　　　(3) $A=B$

■ 整数問題

例題 20

a, b, c は整数とする。$a^2+b^2=c^2$ ならば，a, b の少なくとも一方は偶数であることを証明せよ。

▌指針▐ **背理法による証明**　a, b の両方とも奇数であると仮定して矛盾を導く。

▌解答▐　a, b の両方とも奇数であると仮定する。

このとき，$a=2l+1, b=2m+1$（l, m は整数）と表される。
$$a^2+b^2=(2l+1)^2+(2m+1)^2=4(l^2+l+m^2+m)+2 \quad \cdots\cdots ①$$
一方，c は奇数か偶数のどちらかである。

c が奇数ならば $c=2n+1$（n は整数）と表される。

　このとき　　$c^2=(2n+1)^2=4(n^2+n)+1$

c が偶数ならば $c=2n$（n は整数）と表される。

　このとき　　$c^2=(2n)^2=4n^2$

よって，c が奇数であっても偶数であっても ① のような $4t+2$（t は整数）の形で表されることはないから，$a^2+b^2=c^2$ であることに矛盾する。

したがって，a, b の少なくとも一方は偶数である。 **終**

B

162 x, y は実数とする。次の p は q であるための必要条件か，十分条件か，必要十分条件か，あるいはいずれでもないか。最も適するものを答えよ。

(1) $p：0<x<2$ 　　　　　　　　$q：x^2<4$

(2) $p：x+y>2$ かつ $xy>1$ 　　　$q：x>1$ かつ $y>1$

163 次の命題の真偽を調べよ。

(1) n は整数とする。n^2 が 9 の倍数ならば n は 9 の倍数である。

(2) n は整数とする。n^2 が 5 の倍数ならば n は 5 の倍数である。

(3) a は実数とする。a^2 が 5 の倍数ならば a は 5 の倍数である。

(4) a は実数とする。a^2 が無理数ならば a は無理数である。

(5) a は実数とする。a^2 が有理数ならば a は有理数である。

164 a, b は実数とする。次の 2 つの条件 p, q は同値であることを証明せよ。
$$p：a>1 \text{ かつ } b>1 \qquad q：a+b>2 \text{ かつ } (a-1)(b-1)>0$$

165 a, b は整数とする。a^2+b^2 が 3 で割り切れるならば，a と b はともに 3 で割り切れることを証明せよ。

第2章　集合と命題

第3章 2次関数

16 関数とグラフ

1 **定義域, 値域**
① **定義域** 関数 $y=f(x)$ において, 変数 x のとりうる値の範囲。特に断らない限り, 関数 $y=f(x)$ の定義域は, $f(x)$ の値が定まるような実数 x の全体とする。
② **値 域** x が定義域全体を動くとき, $f(x)$ がとる値の範囲。
2 **関数のグラフと最大・最小**
① **グラフ** 関数 $y=f(x)$ について, 点 $(x, f(x))$ 全体で作られる図形。
② **最大値, 最小値** 関数の値域の最大の値, 最小の値。

■■A■■

☑ **166** 次の関数 $f(x)$ について, $f(0)$, $f(-1)$, $f(2)$, $f(a+2)$ の値を求めよ。
(1) $f(x)=3x+2$　　　　　　*(2) $f(x)=-x^2+x-3$

☑***167** 次のような長方形について, y が x の関数であるものは y を x の式で表せ。また, その関数の定義域を示せ。
(1) 縦の長さが 10 m, 横の長さが x m, 面積が y m²
(2) 周の長さが 10 m, 縦の長さが x m, 面積が y m²
(3) 面積が 10 m², 縦の長さが x m, 横の長さが y m
(4) 縦の長さが x m, 面積が y m²

☑ **168** 次の点は, 第何象限の点か。
(1) $(2, 3)$　　　*(2) $(3, -2)$　　*(3) $(-4, -4)$　　(4) $(-1, 3)$

☑ **169** 関数 $y=-2x+3$ のグラフをかけ。

☑ **170** 次の関数のグラフをかけ。また, その値域を求めよ。
*(1) $y=2x+1$ $(-2\leqq x<3)$　　　(2) $y=-3x-1$ $(x>2)$

☑ **171** 次の関数に最大値, 最小値があれば, それを求めよ。
(1) $y=x+1$ $(-1\leqq x\leqq 3)$　　(2) $y=-2x-2$ $(0\leqq x\leqq 1)$
*(3) $y=-x+4$ $(-2\leqq x<2)$　　*(4) $y=\frac{1}{2}x-1$ $(x\geqq -2)$

☑ ■A の■ まとめ **172** 次の関数のグラフをかけ。また, 関数に最大値, 最小値があれば, それを求めよ。
(1) $y=2x-3$ $(-1<x\leqq 2)$　　(2) $y=-x+2$ $(x\leqq 1)$

■■ 関数の決定

例題 21
関数 $y=ax+b$ $(1 \le x \le 2)$ の値域が $0 \le y \le 1$ であるとき，定数 a, b の値を求めよ。ただし，$a<0$ とする。

指針 **値域から関数決定** グラフをかいて考えるとよい。1次関数のグラフの場合，端点を調べればよいが，傾きの符号（正か負か）に注意する。

解答 $a<0$ より，この関数のグラフは右下がりの直線の一部であるから，$f(x)=ax+b$ とすると，値域は

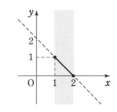

$$f(1) \ge y \ge f(2)$$
すなわち　　$2a+b \le y \le a+b$
これが $0 \le y \le 1$ と一致するから
$$2a+b=0, \quad a+b=1$$
これを解いて　　$a=-1$, $b=2$
これは $a<0$ を満たす。　　← 解の検討を忘れずに。
したがって　　$a=-1$, $b=2$ **答**

■■ B ■■

☐ **173** 次の関数のグラフをかけ。

(1) $y=\begin{cases} -x+3 & (x<3) \\ x-3 & (x \ge 3) \end{cases}$

*(2) $y=\begin{cases} 0 & (x<0) \\ x^2 & (0 \le x<1) \\ 2x-1 & (x \ge 1) \end{cases}$

☐ **174** 次の関数が条件を満たすように，定数 a, b の値を定めよ。

(1) $y=ax+3$ が $x=2$ のとき $y=7$, $x=-2$ のとき $y=b$ の値をとる。

*(2) $y=ax+b$ が $x=3$ のとき $y=4$, $x=-1$ のとき $y=8$ の値をとる。

(3) $y=x+2$ $(a \le x \le b)$ の値域が $2 \le y \le 8$ である。

*(4) $y=-3x+a$ $(-2 \le x \le b)$ の値域が $-13 \le y \le 8$ である。

☐ **175** 関数 $y=ax+b$ $(1 \le x \le 3)$ の値域が $1 \le y \le 3$ であるとき，定数 a, b の値を求めよ。ただし，$a>0$ とする。

☐***176** 関数 $y=ax+b$ $(0 \le x \le 2)$ の最大値が 1，最小値が -2 であるとき，定数 a, b の値を求めよ。

17 2次関数のグラフ

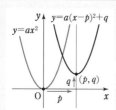

1 **2次関数のグラフ** (a, b, c, p, q は定数；$a \neq 0$)

① $y=ax^2$ **のグラフ** 軸は y 軸，頂点は原点
$a>0$ のとき下に凸，$a<0$ のとき上に凸

② $y=a(x-p)^2+q$ **のグラフ**
軸は **直線 $x=p$**，頂点は **点 (p, q)**

③ $y=ax^2+bx+c$ **のグラフ**
$y=a(x-p)^2+q$ の形にする（**平方完成**）。

$$y=ax^2+bx+c=a\left(x^2+\frac{b}{a}x\right)+c$$

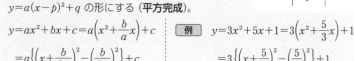

例 $y=3x^2+5x+1=3\left(x^2+\frac{5}{3}x\right)+1$

$$=a\left\{\left(x+\frac{b}{2a}\right)^2-\left(\frac{b}{2a}\right)^2\right\}+c$$

$$=3\left\{\left(x+\frac{5}{6}\right)^2-\left(\frac{5}{6}\right)^2\right\}+1$$

$$=a\left(x+\frac{b}{2a}\right)^2-\frac{b^2-4ac}{4a}$$

$$=3\left(x+\frac{5}{6}\right)^2-\frac{13}{12}$$

軸は **直線 $x=-\dfrac{b}{2a}$**，頂点は **点 $\left(-\dfrac{b}{2a},\ -\dfrac{b^2-4ac}{4a}\right)$**

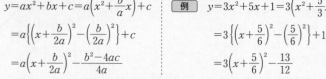

■■A■■

☐ **177** 次の2次関数のグラフをかけ。また，その放物線は上に凸，下に凸のどちらであるか。

(1) $y=4x^2$ (2) $y=-5x^2$ (3) $y=\dfrac{1}{4}x^2$

☐ **178** 次の2次関数のグラフをかけ。また，その軸と頂点を求めよ。

(1) $y=5x^2$ *(2) $y=5x^2-3$ (3) $y=5(x-1)^2-3$

(4) $y=-x^2$ *(5) $y=-(x+3)^2$ *(6) $y=-(x+3)^2+1$

☐ **179** 次の2次式を平方完成せよ。

(1) x^2+4x *(2) $2x^2-8x+1$ (3) $-3x^2-6x+3$

*(4) $\dfrac{1}{2}x^2-x+3$ *(5) x^2+3x-2 *(6) $-2x^2+6x-1$

☐ **180** 次の2次関数のグラフをかけ。また，その軸と頂点を求めよ。

(1) $y=x^2-2x-2$ *(2) $y=2x^2+8x-1$ (3) $y=-x^2+4x-4$

(4) $y=\dfrac{1}{2}x^2+3x+3$ *(5) $y=-\dfrac{1}{2}x^2-x$ *(6) $y=(x+2)(2x-1)$

☐ **■Aの■ まとめ** **181** 次の2次関数のグラフをかけ。また，その軸と頂点を求めよ。

(1) $y=-(x-1)^2-2$ (2) $y=2x^2+4x+1$

■グラフと係数の符号

例題 22

2次関数 $y=ax^2+bx+c$ のグラフが
右の図で与えられるとき，次の値の
符号をいえ。
(1) a (2) b (3) c
(4) $a+b+c$

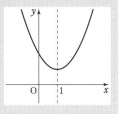

指針 **グラフと係数の符号** ① 上に凸か，下に凸か → a の符号

② 軸の位置 → $-\dfrac{b}{2a}$ の符号   ③ y 軸との交点の位置 → c の符号

④ $x=1$ のときの $y=ax^2+bx+c$ の値 → $a+b+c$ の符号

解答 2次関数 $y=ax^2+bx+c$ のグラフについて

　　軸は直線 $x=-\dfrac{b}{2a}$, y 軸との交点は点 $(0,\ c)$

(1) グラフは下に凸であるから　　$a>0$ **答**

(2) 軸は $x>0$ の範囲にあるから　　$-\dfrac{b}{2a}>0$

　(1)より $a>0$ であるから　　$b<0$ **答**

(3) グラフは y 軸と正の部分で交わるから　　$c>0$ **答**

(4) $x=1$ のとき　　$y=a\cdot1^2+b\cdot1+c=a+b+c$

　　グラフより, $x=1$ のとき $y>0$ であるから　　$a+b+c>0$ **答**

 **B**

☑ **182** 問題 180（前頁の問い）のグラフについて

　(ア) 平行移動によって重ね合わせることのできるものはどれとどれか。

　*(イ) 合同であるものはどれとどれか。

☑ **183** 放物線 $y=\dfrac{1}{2}x^2+ax+b$ の頂点が点 $\left(\dfrac{3}{2},\ -\dfrac{9}{4}\right)$ であるとき，定数 $a,\ b$ の値
を求めよ。

☑***184** 放物線 $y=x^2+4x+k$ について，次のような k の値を求めよ。

　(1) 頂点が x 軸上にある　　　　　(2) 頂点の x 座標と y 座標が等しい

☑***185** 2次関数 $y=ax^2+bx+c$ のグラフが右の図で与えら
れるとき，次の値の符号をいえ。

　(1) a　　　　(2) b　　　　(3) c

　(4) $a+b+c$　(5) $4a+2b+c$　(6) $a-b+c$

　(7) $a+b+1$

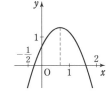

ヒント **182** (イ) 平行移動，対称移動，またはそれらの組み合わせで重なる2次関数のグラフは合同。

18　平行移動，対称移動

1 平行移動（x軸方向にp，y軸方向にqだけ平行移動）
　① **点**　$(a,\ b) \longrightarrow (a+p,\ b+q)$
　② **グラフ**　$y=f(x) \longrightarrow y-q=f(x-p)$

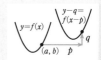

2 対称移動（x軸，y軸，原点に関して対称移動）

	x 軸	y 軸	原点
① 点 (a, b)	$(a, -b)$	$(-a, b)$	$(-a, -b)$
② グラフ $y=f(x)$	$-y=f(x)$	$y=f(-x)$	$-y=f(-x)$
位置関係			

■■A■■

☐ **186** 次の各点を，x軸方向に2，y軸方向に -3 だけ移動した点の座標を求めよ。
また，この移動によって，次の点に移される点の座標を求めよ。
　　*(1)　$(3,\ 5)$　　　　(2)　$(-1,\ 2)$　　　*(3)　$(-3,\ -4)$　　(4)　$(1,\ -1)$

☐ ***187** 放物線 $y=3x^2$ …… ① について，次の問いに答えよ。
　(1)　① を x軸方向に2，y軸方向に3だけ平行移動して得られる放物線の
　　　方程式を求めよ。
　(2)　次の放物線は，どのように平行移動すると ① に重なるか。
　　㋐　$y=3(x+1)^2-2$　　　　　　　㋑　$y=3x^2+x-1$

☐ **188** 次の各点を，x軸，y軸，原点に関して，それぞれ対称移動して得られる点
の座標を求めよ。
　　(1)　$(3,\ 5)$　　　　(2)　$(-2,\ 3)$　　　*(3)　$(4,\ -3)$　　　(4)　$(-1,\ -4)$

☐ ■A の■
　　まとめ　**189** 次の点，放物線を x軸方向に3，y軸方向に -2 だけ平行移動し
　　　　　　て得られる点の座標，放物線の方程式を求めよ。
　　　　(1)　$(5,\ -8)$　　　　　　　　　　(2)　$y=-2x^2$

グラフの平行移動

例題 23　放物線 $y=2x^2+4x-1$ を x 軸方向に 2，y 軸方向に 3 だけ平行移動して得られる放物線の方程式を求めよ。

指針　**放物線の平行移動**（x 軸方向に p，y 軸方向に q だけ平行移動）
① 一般に，$y=f(x)$ のグラフを平行移動すると
$x \longrightarrow x-p$，$y \longrightarrow y-q$ から　$y-q=f(x-p)$ で表される。
② 頂点に着目する。頂点 (a, b) を移動すると　$(a+p, b+q)$

解答　x を $x-2$，y を $y-3$ でおき換えると　$y-3=2(x-2)^2+4(x-2)-1$
よって，求める放物線の方程式は　$\boldsymbol{y=2x^2-4x+2}$ 答

別解　$y=2x^2+4x-1$ を変形すると　$y=2(x+1)^2-3$
よって，もとの放物線の頂点は　点 $(-1, -3)$
求める放物線の頂点は，この点を x 軸方向に 2，y 軸方向に 3 だけ移動したものであるから　$(-1+2, -3+3)$　すなわち　$(1, 0)$
求める放物線の方程式は，x^2 の係数が 2 であるから
$\boldsymbol{y=2(x-1)^2}$ 答　$(y=2x^2-4x+2$ でもよい）

190 次の放物線を平行移動して，頂点が点 $(2, 3)$ になったときの，移動後の放物線の方程式を求めよ。
(1) $y=-2x^2$　　*(2) $y=x^2-x-2$　　*(3) $y=\dfrac{1}{3}x^2+2x-1$

*191 次の関数のグラフを，x 軸方向に -3，y 軸方向に 4 だけ平行移動して得られる図形の方程式を求めよ。
(1) $y=x^2-4x-1$　　　(2) $y=3x+2$

*192 放物線 $y=2x^2+8x+11$ は，放物線 $y=2x^2-4x+3$ をどのように平行移動したものか。

193 放物線 $y=2(x-3)^2+1$ を y 軸に関して対称移動して得られる放物線の方程式を，次の方法で求めよ。
(ア) 頂点を y 軸に関して対称移動する　　(イ) x を $-x$ でおき換える

194 次の直線，放物線を，x 軸，y 軸，原点に関して，それぞれ対称移動して得られる直線，放物線の方程式を求めよ。
*(1) $y=2x+3$　　*(2) $y=x^2-1$　　(3) $y=-2x^2+x$

*195 ある放物線を x 軸方向に 3，y 軸方向に -1 だけ平行移動し，更に x 軸に関して対称移動すると，放物線 $y=2x^2-3x+1$ に重なった。もとの放物線の方程式を求めよ。

ヒント 195 逆の移動を考える。

第3章 2次関数

19 2次関数の最大と最小

1 2次関数 $y=ax^2+bx+c$ の最大・最小

① $y=a(x-p)^2+q$ の形にする。

$a>0$ のとき

$\quad$ $x=p$ で最小値 q をとり，最大値はない。

$a<0$ のとき

$\quad$ $x=p$ で最大値 q をとり，最小値はない。

② **定義域に制限がある場合**

グラフの頂点と，定義域の両端の y の値に着目。

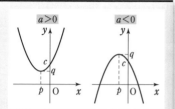

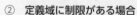

A

☑ **196** 次の2次関数に最大値，最小値があれば，それを求めよ。

(1) $y=x^2+5$　　　　　(2) $y=-3x^2-2$　　　　　(3) $y=3(x+2)^2+1$

*(4) $y=x^2-2x+3$　　　*(5) $y=-2x^2-4x+5$　　　(6) $y=-x^2+5x+1$

☑ **197** 次の関数の最大値と最小値を求めよ。

(1) $y=x^2$　　　　　$(-2\leqq x\leqq 3)$　　　　(2) $y=x^2+2x-3$　　　$(1\leqq x\leqq 3)$

*(3) $y=-x^2+4x-2$ $(0\leqq x\leqq 4)$　　*(4) $y=-3x^2+6x-5$ $(-1\leqq x\leqq 2)$

☑ **198** 次の関数に最大値，最小値があれば，それを求めよ。

*(1) $y=-2x^2-4x+1$ $(-2\leqq x<1)$　　(2) $y=x^2+3x+3$ $(0<x\leqq 2)$

(3) $y=3(x+1)(x-2)$ $(0\leqq x<3)$　　*(4) $y=x^2-2x+2$ $(-1<x<2)$

☑ **199** 次の条件に適するように，定数 a の値を定めよ。

(1) 関数 $y=x^2+2x+a$ の最小値が -3 である。

*(2) 関数 $y=x^2-4x+a$ $(1\leqq x\leqq 5)$ の最大値が 6 である。

(3) 関数 $y=-x^2+3x+a$ $(-3\leqq x\leqq 1)$ の最大値が 4 である。

*(4) 関数 $y=-x^2-4x+a$ の最大値が，関数 $y=x^2-4x$ の最小値と一致する。

☑ **Aの まとめ** **200** 次の関数に最大値，最小値があれば，それを求めよ。

(1) $y=2x^2+8x+9$　　　　　(2) $y=x^2-2x$ $(0\leqq x\leqq 3)$

(3) $y=-3x^2-2x+4$ $(-1<x<2)$

文字係数の2次関数の最大値

例題 24

a は定数とする。関数 $y=x^2-2ax+1$ $(0\leqq x\leqq2)$ の最大値を求めよ。

指針 **2次関数の最大値と場合分け**　放物線の軸 $x=a$ が
　　　　[1]　定義域の中央より左　　　[2]　定義域の中央　　　[3]　定義域の中央より右
　のいずれにあるかで最大値をとる x の値が変わる。

解答　$y=x^2-2ax+1$ を変形すると　　　$y=(x-a)^2-a^2+1$
よって，この関数のグラフは放物線で，軸は直線 $x=a$ である。
また，定義域の中央の値は　1
[1]　**$a<1$ のとき**　　　　$x=2$ **で最大値** $-4a+5$
[2]　**$a=1$ のとき**　　　　$x=0,\ 2$ **で最大値1**
[3]　**$1<a$ のとき**　　　　$x=0$ **で最大値1**　**答**

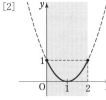
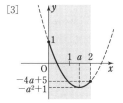

━━━ **B** ━━━

☑ **201**　a は定数とする。関数 $y=x^2-2ax+2a^2$ $(0\leqq x\leqq2)$ について，次の問いに答えよ。
　(1)　次の各場合について，最小値を求めよ。
　　[1]　$a<0$　　　　　　[2]　$0\leqq a\leqq2$　　　　[3]　$2<a$
　(2)　次の各場合について，最大値を求めよ。
　　[1]　$a<1$　　　　　　[2]　$a=1$　　　　　　[3]　$1<a$

☑*202　a は定数とする。関数 $y=-x^2+6ax-a$ $(0\leqq x\leqq3)$ について
　(1)　最大値を求めよ。　　　　　　(2)　最小値を求めよ。

☑*203　k は定数とする。2次関数 $y=x^2-2kx+k$ の最小値を m とする。
　(1)　m は k の関数である。m を k の式で表せ。
　(2)　k の関数 m の最大値とそのときの k の値を求めよ。

☑ **204**　関数 $y=x^2-2x+m$ の値が $0\leqq x\leqq3$ の範囲で常に負となるように，定数 m の値の範囲を定めよ。

定義域が動く場合の最小値

例題 25 a は定数とする。関数 $y=x^2-4x+3$ $(a\leqq x\leqq a+1)$ の最小値を求めよ。

指針 **2次関数の最小値と場合分け** 定義域の幅は一定で，a の増加とともに定義域全体が右に移動する。放物線の軸 $x=2$ が
[1] 定義域の右外　　[2] 定義域内　　[3] 定義域の左外
のいずれにあるかで最小値をとる x の値が変わる。

解答 $y=x^2-4x+3$ を変形すると　　$y=(x-2)^2-1$
よって，この関数のグラフは放物線で，軸は直線 $x=2$ である。
[1] $a+1<2$ すなわち $a<1$ のとき
$$x=a+1 \text{ で最小値 } a^2-2a$$
[2] $a\leqq 2\leqq a+1$ すなわち $1\leqq a\leqq 2$ のとき
$$x=2 \text{ で最小値 } -1$$
[3] $2<a$ のとき　　$x=a$ で最小値 a^2-4a+3　**答**

[1] 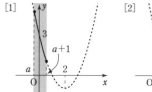　[2] 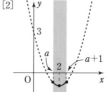　[3]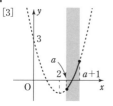

B

*205 a は正の定数とする。関数 $y=x^2-4x+5$ $(0\leqq x\leqq a)$ について，次の問いに答えよ。
(1) 最小値を求めよ。　　　　　　(2) 最大値を求めよ。

206 a は正の定数とする。関数 $y=-x^2+6x$ $(0\leqq x\leqq a)$ の最大値 $M(a)$ を求め，$b=M(a)$ のグラフを ab 平面上にかけ。

*207 a は定数とする。関数 $y=x^2-2x+1$ $(a\leqq x\leqq a+1)$ について，次の問いに答えよ。
(1) 最小値を求めよ。　　　　　　(2) 最大値を求めよ。

208 関数 $y=x^2+4x+1$ $(a\leqq x\leqq a+2)$ の最大値を $M(a)$，最小値を $m(a)$ とする。
(1) $M(a)$ を求め，$b=M(a)$ のグラフを ab 平面上にかけ。
(2) $m(a)$ を求め，$b=m(a)$ のグラフを ab 平面上にかけ。

条件つき最大・最小 (1)

例題 26 $x+y=3$, $x\geqq0$, $y\geqq0$ のとき, xy の最大値と最小値を求めよ。

指針 **条件つき最大・最小** 条件式を用いて, xy を1つの変数 (x) で表す。

解答 $x+y=3$, $y\geqq0$ から $y=3-x\geqq0$ $x\geqq0$ であるから $0\leqq x\leqq3$

ここで $xy=x(3-x)=-x^2+3x=-\left(x-\dfrac{3}{2}\right)^2+\dfrac{9}{4}$

よって, $x=0$, 3 で最小値 0 をとる。このとき $y=3$, 0

また $x=\dfrac{3}{2}$ で 最大値 $\dfrac{9}{4}$ をとる。このとき $y=\dfrac{3}{2}$

したがって $x=0$, $y=3$ または $x=3$, $y=0$ で最小値 0

$x=\dfrac{3}{2}$, $y=\dfrac{3}{2}$ で最大値 $\dfrac{9}{4}$ **答**

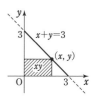

参考 上の問題を図でかくと, 右上の図の斜線部分の面積の最大・最小の問題になる。

 **B**

□ **209** n が整数のとき, 関数 $f(n)=-3n^2-14n+6$ の最大値とそのときの n の値を求めよ。

□ *210 (1) $2x+y=3$ のとき, xy の最大値を求めよ。

(2) $x+2y=6$, $x\geqq0$, $y\geqq0$ のとき, x^2+y^2 の最大値と最小値を求めよ。

□ *211 右の図のように, 直線 $3x+y=6$ 上において2点A, Bの間を点 $P(x, y)$ が動く。

(1) 斜線で示した長方形の面積 S を x で表せ。

(2) S の最大値およびそのときの点Pの座標を求めよ。

(3) 長方形の対角線の長さ l の最小値を求めよ。

□ *212 周の長さが 20 cm である長方形の中で面積が最大なものは, どんな長方形か。

□ **213** ある品物の売価が1個100円のときは, 1日300個の売り上げがある。売価を1個につき1円値上げすると, 1日2個の割合で売り上げが減る。1日の売り上げ金額を最大にするには, 売価をいくらにするとよいか。ただし, 消費税は考えないものとする。

発展

□ **214** 次の関数に最大値, 最小値があれば, それを求めよ。

(1) $y=-2x^4-4x^2+3$　　　(2) $y=(x^2-2x)^2+4(x^2-2x)+10$

20 2次関数の決定

> **1** **2次関数の決定**
> ① $y=f(x)$ のグラフが点 (s, t) を通るとき，等式 $t=f(s)$ が成り立つ。
> ② 条件によって　　[1] $y=a(x-p)^2+q$　　[2] $y=ax^2+bx+c$
> などとおいて，未定の係数を定める。
>
> **2** **連立方程式の解法**
> 文字を1つずつ消去して，ただ1つの文字の方程式を導く。例えば，3つの文字を含むときは，まず1つの文字を消去して2つの文字の連立方程式を導き，最後に1つの文字の方程式としてこれを解く。

■ A ■

☑ **215** 次の条件を満たすように，定数 a, b の値を定めよ。

(1) 放物線 $y=ax^2+x+3$ が，点 $(1, 6)$ を通る。

*(2) 放物線 $y=-3x^2+ax+b$ が，2点 $(1, 1)$, $(2, -8)$ を通る。

☑ **216** 次の条件を満たすような x の2次関数を求めよ。

(1) x^2 の係数が -1 で，$x=2$ で最大値3をとる。

*(2) $x=2$ で最小値 -4 をとり，$x=0$ のとき $y=4$ となる。

☑***217** 次の条件を満たす放物線をグラフにもつ x の2次関数を求めよ。

(1) 頂点が点 $(-1, 3)$ で，点 $(1, 7)$ を通る。

(2) 軸が直線 $x=-2$ で，2点 $(0, 3)$, $(-1, 0)$ を通る。

☑ **218** 次の連立3元1次方程式を解け。

(1) $\begin{cases} a+b+c=10 \\ a-b+c=2 \\ a+b-c=4 \end{cases}$

*(2) $\begin{cases} a-b+3c=1 \\ 3a+7b-c=8 \\ 2a-4b+5c=-2 \end{cases}$

☑ **219** 2次関数のグラフが次の3点を通るとき，その2次関数を求めよ。

(1) $(-2, 5)$, $(0, -3)$, $(3, 0)$

*(2) $(-1, 1)$, $(1, -5)$, $(3, 5)$

☑ ■**Aの**■ **220** 次の条件を満たすような x の2次関数を求めよ。
　　まとめ

(1) グラフの頂点が点 $(2, 1)$ で，点 $(4, -7)$ を通る。

(2) $x=-1$ で最大値8をとり，$x=-3$ のとき $y=0$ となる。

(3) グラフが3点 $(-1, 3)$, $(1, 1)$, $(3, -5)$ を通る。

■ グラフの決定

例題 27　放物線 $y=x^2+2ax+b$ が点 $(1, 1)$ を通り，その頂点が直線 $y=-x-4$ 上にあるように，定数 a, b の値を定めよ。

指 針　**放物線の方程式の決定**　頂点についての条件があるときは $y=m(x-p)^2+q$ の形にする。

解 答　放物線が点 $(1, 1)$ を通るから
$$1=1+2a+b \quad \text{すなわち} \quad b=-2a$$
よって，放物線の方程式は
$$y=x^2+2ax-2a=(x+a)^2-a^2-2a$$
と変形できるから，頂点は　点 $(-a, -a^2-2a)$
頂点が，直線 $y=-x-4$ 上にあるから
$$-a^2-2a=-(-a)-4$$
よって　　$a^2+3a-4=0$　　　　ゆえに　　$(a+4)(a-1)=0$
したがって　　$a=-4, 1$
このとき $b=-2a$ から　　$b=8, -2$
以上から　　$a=-4$, $b=8$ **または** $a=1$, $b=-2$ **答**

参 考　与えられた条件から2次関数を決定するときは，次のように選べばよい。
[1]　頂点や軸，最大値・最小値　⟶　$y=a(x-p)^2+q$
[2]　グラフが通る3点　　　　　　⟶　$y=ax^2+bx+c$

B

☑ **221** 放物線 $y=-2x^2+x-2$ を平行移動した曲線で，次の条件を満たす放物線の方程式をそれぞれ求めよ。
　*(1)　2点 $(0, 1)$, $(1, -4)$ を通る。
　(2)　x 軸に接し，点 $(1, -8)$ を通る。

☑ **222** 2つの放物線 $y=x^2-2ax+a^2+1$, $y=\dfrac{1}{2}x^2+2x+2+b$ の頂点が一致するように，定数 a, b の値を定めよ。

☑***223** 放物線 $y=-x^2+4ax+b$ が点 $(0, 1)$ を通り，その頂点が直線 $y=-2x+9$ 上にあるように，定数 a, b の値を定めよ。

☑***224** 放物線 $y=x^2-3x+4$ を平行移動した曲線で，点 $(2, 4)$ を通り，頂点が直線 $y=2x+1$ 上にある放物線の方程式を求めよ。

21 2次方程式(1)

1 **2次方程式 $ax^2+bx+c=0$ の解法** (a, b, c は定数 ; $a \neq 0$)

① **因数分解** 積の形にして「$AB=0$ ならば $A=0$ または $B=0$」を利用。

② **解の公式** $b^2-4ac \geqq 0$ ならば $x=\dfrac{-b \pm \sqrt{b^2-4ac}}{2a}$

特に, $b=2b'$ のとき, $b'^2-ac \geqq 0$ ならば $x=\dfrac{-b' \pm \sqrt{b'^2-ac}}{a}$

注意 一般に, 2次方程式 $ax^2+bx+c=0$ といえば, $a \neq 0$ である。
単に, 方程式 $ax^2+bx+c=0$ といえば, $a=0$ の場合もある。

2 **方程式と解**

方程式 $f(x)=0$ の解の1つが $\alpha \iff f(\alpha)=0$

▌▌ A ▌▌

225 因数分解を利用して, 次の2次方程式を解け。

*(1) $x^2-9=0$ (2) $x^2-4x+3=0$

(3) $2x^2+11x+12=0$ *(4) $5x^2-7x-6=0$

226 平方根の考えを利用して, 次の2次方程式を解け。

(1) $4x^2-9=0$ *(2) $(x-2)^2-3=0$

(3) $x^2-6x+1=0$ *(4) $x^2-5x+3=0$

227 解の公式を利用して, 次の2次方程式を解け。

(1) $x^2-2x-2=0$ *(2) $-5x^2+4x+2=0$

*(3) $2x^2+4\sqrt{5}\,x+10=0$ *(4) $\sqrt{3}\,x^2-4x-2=0$

*228 次の2次方程式を解け。

(1) $2(x+1)^2=(x+2)(x+3)$ (2) $2(x+2)^2-(x+2)-3=0$

(3) $0.2x^2-0.5x-1.2=0$ (4) $\dfrac{1}{3}x^2-\dfrac{5}{2}x+1=0$

229 (1) $x^2+ax+6=0$ が2を解にもつとき, 定数 a の値を求めよ。

*(2) 2次方程式 $x^2-3(k+1)x+k^2-4=0$ の解の1つが -1 であるとき, 定数 k の値と他の解を求めよ。

Aの まとめ **230** (1) 2次方程式 $2x^2+x-3=0$ の解を, 次を利用して求めよ。

(ア) 因数分解   (イ) 平方根の考え   (ウ) 解の公式

(2) $2x^2+kx-k^2=0$ が3を解にもつとき, 定数 k の値を求めよ。

■■共通解

例題 **28**　2つの2次方程式 $x^2+mx+15=0$, $x^2+5x+3m=0$ が共通な実数解をもつように，定数 m の値を定めよ。また，その共通な解を求めよ。

■指針■　**共通な解**　共通な解を $x=\alpha$ として，α と m の連立方程式を作って解く。

解答　共通な解を $x=\alpha$ とおいて，方程式にそれぞれ代入すると
$$\alpha^2+m\alpha+15=0 \quad \cdots\cdots ①, \qquad \alpha^2+5\alpha+3m=0 \quad \cdots\cdots ②$$
①−② から　$(m-5)\alpha+15-3m=0$　　　よって　$(m-5)(\alpha-3)=0$
ゆえに　$m=5$ または $\alpha=3$
[1]　$m=5$ のとき
　　2つの2次方程式はともに　$x^2+5x+15=0$
　　判別式を D とすると $D=5^2-4\cdot1\cdot15=-35<0$ であるから，実数解をもたない。
[2]　$\alpha=3$ のとき
　　① から　$3^2+3m+15=0$　　　よって　$m=-8$
　　このとき，2つの方程式は　$x^2-8x+15=0$, $x^2+5x-24=0$
　　ゆえに　$(x-3)(x-5)=0$, $(x-3)(x+8)=0$
　　したがって，$x=3$ は共通な実数解である。
以上から　　$m=-8$，**共通な解は** $x=3$　答

第3章
2次関数

■■■ **B** ■■■

☐ **231** *(1)　$x^2+ax+b=0$ が -1，3 を解にもつように，定数 a，b の値を定めよ。

(2)　2つの2次方程式 $x^2+ax+b=0$, $3x^2-4ax+2a-b=0$ がともに2を解にもつように，定数 a，b の値を定めよ。

☐ **232**　2次方程式 $x^2-3x+1=0$ の大きい方の解を α とする。このとき，$\alpha^3+3\alpha^2$ の値を求めよ。

☐***233**　2つの2次方程式 $x^2+(m+3)x+8=0$, $x^2+5x+4m=0$ が共通な実数解をもつように，定数 m の値を定めよ。また，その共通な解を求めよ。

■■■ **発展** ■■■

☐ **234**　a，b，c を定数とするとき，次の方程式を解け。

(1)　$(a^2-1)x^2-(a^2+a)x+(a+1)=0$　　(2)　$ax^2+bx+c=0$

ヒント **234** x^2 の係数が $=0$ と $\neq0$ の場合に分ける。

22 2次方程式 (2)

1 **2次方程式 $ax^2+bx+c=0$ の解の個数** (a, b, c は定数；$a\neq0$)

判別式を $D=b^2-4ac$ とすると，次のことが成り立つ。

① 異なる2つの実数解をもつ $\iff D>0$ ⎫
② ただ1つの実数解（重解）をもつ $\iff D=0$ ⎬ 実数解をもつ $\iff D\geqq0$
③ 実数解をもたない $\iff D<0$

注意 $b=2b'$ のとき，D の代わりに $\dfrac{D}{4}=b'^2-ac$ の符号を調べてもよい。

■■A■■

235 次の2次方程式の実数解の個数を求めよ。

*(1) $x^2-5x+1=0$　　　　*(2) $-x^2+3x-5=0$

(3) $4x^2-4x+1=0$　　　　(4) $x^2-3x-2=0$

(5) $3x^2-x+1=0$　　　　*(6) $9x^2-6x+1=0$

236 次の条件を満たすように，定数 a の値の範囲を定めよ。

*(1) 2次方程式 $x^2+6x+2a-1=0$ が異なる2つの実数解をもつ。

(2) 2次方程式 $2x^2-3x+a=0$ が実数解をもたない。

(3) 2次方程式 $x^2+4x+a=0$ が実数解をもつ。

237 次の2次方程式が重解をもつように，定数 k の値を定めよ。また，そのときの重解を求めよ。

(1) $2x^2+8x+k=0$　　　　*(2) $4x^2+(k-1)x+1=0$

238 それぞれの数の2乗の和が 77 となるような連続する3つの自然数を求めよ。

■Aの■ まとめ 239 (1) 次の2次方程式の実数解の個数を求めよ。

(ア) $2x^2-4x+1=0$　　　　(イ) $x^2-2\sqrt{2}\,x+2=0$

(2) 2次方程式 $x^2+3x+a=0$ …… ① について

(ア) ① が実数解をもつように，定数 a の値の範囲を定めよ。

(イ) ① が重解をもつように，定数 a の値を定めよ。また，そのときの重解を求めよ。

実数解の個数

例題 29 k は定数とする。2次方程式 $x^2+2x+k=0$ の実数解の個数を調べよ。

指針 **2次方程式の実数解の個数** 実数解の個数は，判別式 $D=b^2-4ac$ の符号で決まる。k の値によって，場合を分けて考える。

解答 与えられた2次方程式の判別式を D とすると
$$D=2^2-4\cdot1\cdot k=4-4k=4(1-k)$$
[1] $D>0$ すなわち $k<1$ のとき 実数解の個数は 2個
[2] $D=0$ すなわち $k=1$ のとき 実数解の個数は 1個
[3] $D<0$ すなわち $k>1$ のとき 実数解の個数は 0個
[1]〜[3] から **$k<1$ のとき2個，$k=1$ のとき1個，$k>1$ のとき0個** **答**

■■■ B ■■■

☑ **240** a は定数とする。次の方程式の実数解の個数を調べよ。
(1) $2x^2+3x+a=0$ *(2) $x^2+2(a+1)x+a^2=0$
*(3) $ax^2+x+1=0$ (4) $(x+a-1)(x+2a-3)=0$

☑ **241** 2次方程式 $(a^2-4)x^2+2ax+1=0$ は異なる2つの実数解をもつことを示せ。

☑***242** 2次方程式 $kx^2+kx+2=0$ が重解をもつように，定数 k の値を定めよ。また，そのときの重解を求めよ。

☑***243** 正方形の花壇に，右の図のような幅 5 m，3 m の遊歩道を作ったところ，残った花壇の面積はもとの面積の $\dfrac{3}{4}$ となった。
もとの花壇の面積を求めよ。

☑ **244** 縦が横より 5 cm 長い長方形の厚紙がある。その四隅から 1 辺 3 cm の正方形を切り取り，残りの四方を折り曲げて，ふたのない箱を作ると，容積が 108 cm³ になるという。
この厚紙の縦と横の長さを求めよ。

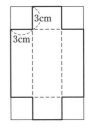

第3章

2次関数

23 グラフと2次方程式

1 **2次関数のグラフとx軸の共有点**

2次関数 $y=ax^2+bx+c$ のグラフがx軸と共有点をもつとき，その共有点のx座標は，2次方程式 $ax^2+bx+c=0$ の実数解である。

2 **2次関数のグラフとx軸の位置関係** $(D=b^2-4ac)$

Dの符号	$D>0$	$D=0$	$D<0$
x軸との位置関係	異なる2点で交わる	1点で接する	共有点をもたない
共有点の個数	2個	1個	0個
$a>0$ のとき			

A

245 次の関数のグラフとx軸の共有点の座標を求めよ。

(1) $y=-2x+1$　　　*(2) $y=(x+1)(x-5)$　　　(3) $y=-x^2+9$

(4) $y=3x^2+10x+8$　　*(5) $y=-2x^2+5x-1$　　*(6) $y=4x^2-20x+25$

246 次の2次関数のグラフとx軸の共有点の個数を求めよ。

*(1) $y=2x^2-4x+2$　　(2) $y=5x^2+3x+2$　　(3) $y=x^2-3x+1$

*(4) $y=-x^2-x+12$　　(5) $y=-4x^2-12x-9$　　*(6) $y=-3x^2+2x-1$

247 次の条件を満たすように，定数kの値の範囲をそれぞれ定めよ。

(1) 2次関数 $y=x^2+5x+k$ のグラフがx軸と異なる2点で交わる。

*(2) 2次関数 $y=2x^2+3x-2k+1$ のグラフがx軸と共有点をもつ。

248 次の2次関数のグラフがx軸に接するように，定数mの値を定めよ。また，そのときの接点の座標を求めよ。

*(1) $y=x^2+mx+m+3$　　　　(2) $y=x^2-2\sqrt{2}\,x+m^2-m$

Aのまとめ **249** 次の2次関数のグラフとx軸の共有点の個数を求めよ。また，共有点がある場合は，その座標を求めよ。

(1) $y=x^2-x-6$　　(2) $y=x^2-6x+9$　　(3) $y=9x^2-6x+2$

共有点の個数

例題 30 2次関数 $y=x^2+4x+k$ のグラフとx軸の共有点の個数は，定数kの値によってどのように変わるか。

指針 **グラフとx軸の関係** 2次方程式 $x^2+4x+k=0$ の判別式をDとして，$D>0$，$D=0$，$D<0$ の場合に分ける。

解答 2次方程式 $x^2+4x+k=0$ の判別式をDとすると
$$D=4^2-4\cdot1\cdot k=16-4k=4(4-k)$$
$D>0$ となるのは $k<4$ のとき，
$D=0$ となるのは $k=4$ のとき，
$D<0$ となるのは $k>4$ のときである。
よって，グラフとx軸の共有点の個数は

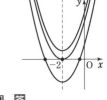

$k<4$ のとき2個，$k=4$ のとき1個，$k>4$ のとき0個 **答**

B

☐*250 x軸と2点 $(-3, 0)$，$(2, 0)$ で交わる2次関数のグラフのうち，点 $(1, 8)$ を通るグラフの方程式を求めよ。

☐ 251 次の2次関数のグラフがx軸から切り取る線分の長さを求めよ。
(1) $y=x^2-5x-14$　　　*(2) $y=-2x^2+3x+7$

☐*252 2次関数 $y=x^2+x+m$ のグラフとx軸の共有点の個数は，定数mの値によってどのように変わるか。

☐ 253♦ 次の放物線と直線は共有点をもつか。もつときは，その座標を求めよ。
(1) $y=x^2$, $y=3x-2$　　　*(2) $y=-x^2+1$, $y=4x+5$
(3) $y=-x^2-2x+9$, $y=2x-3$　　*(4) $y=4x^2-6x+1$, $y=2x-4$

☐*254♦ 次の2つの放物線の共有点の座標を求めよ。
(1) $y=x^2-2$, $y=-x^2+3x$　　(2) $y=x^2+x$, $y=x^2-3x+2$

発展

☐ 255♦ 放物線 $y=x^2-3x+m$ が次の条件を満たすように，定数mの値または値の範囲を定めよ。
(1) 直線 $y=x$ と接する。
(2) 直線 $y=4x+3$ と共有点をもたない。

ヒント 250 グラフがx軸と2点 $(\alpha, 0)$，$(\beta, 0)$ で交わる2次関数は
$y=a(x-\alpha)(x-\beta)$ $(a\neq0)$

24 グラフと2次不等式

1 **2次不等式の解** $a>0$, $\alpha<\beta$ とする。

$D=b^2-4ac$ の符号	$D>0$	$D=0$	$D<0$
$y=ax^2+bx+c$ のグラフと x 軸 の位置関係			
$ax^2+bx+c>0$ の解	$x<\alpha$, $\beta<x$	α以外のすべての実数	すべての実数
$ax^2+bx+c\geqq0$ の解	$x\leqq\alpha$, $\beta\leqq x$	すべての実数	すべての実数
$ax^2+bx+c<0$ の解	$\alpha<x<\beta$	解はない	解はない
$ax^2+bx+c\leqq0$ の解	$\alpha\leqq x\leqq\beta$	$x=\alpha$	解はない

■■ A ■■

☑ **256** 関数のグラフを利用して，次の不等式を解け。

(1) $x-3>0$　　　　*(2) $2x-5\leqq0$　　　　*(3) $(x+1)(x-2)>0$

■次の不等式を解け。[**257～259**]

☑ **257** (1) $(x+2)(x-3)<0$　　(2) $x(3x-1)>0$　　*(3) $(2x+3)(3x-4)\leqq0$

*(4) $x^2-4<0$　　　*(5) $x^2-3x+2>0$　　*(6) $2x^2+9x+9\geqq0$

(7) $-3x^2+10x-8>0$　*(8) $3x^2-\sqrt{7}\,x-1\geqq0$　*(9) $x^2+x\leqq3x+24$

☑ **258** *(1) $(x-4)^2>0$　　　*(2) $(x-4)^2\geqq0$　　　*(3) $(x-4)^2<0$

*(4) $(x-4)^2\leqq0$　　　(5) $x^2-10x+25<0$　　*(6) $9x^2+1\leqq6x$

(7) $(x-3)^2+2>0$　　*(8) $x^2-2x+5\leqq0$　　(9) $-x^2>2x+2$

☑ **259** (1) $\begin{cases} 3x+5>8 \\ x(x-4)<0 \end{cases}$　　*(2) $\begin{cases} x^2-x-6<0 \\ x^2-x\geqq0 \end{cases}$　　*(3) $5x-3\leqq2x^2<x+6$

☑ *260 周囲の長さが 20 cm の長方形がある。この長方形の面積が 24 cm² 以上となるときの長くない方の辺の長さの範囲を求めよ。

☑ **■A の■** **まとめ** **261** 次の不等式を解け。

(1) $x^2+1>2x^2-3x$　　　　　　(2) $x-4<x^2+5x$

(3) $x^2+x\leqq2x-8$　　　　　　(4) $\begin{cases} x^2-3x\geqq x+21 \\ x^2+3x<4 \end{cases}$

■ 2次不等式の解から係数決定

例題 31

2次不等式 $ax^2+bx+4<0$ の解が $x<-1$, $2<x$ であるとき, 定数 a, b の値を求めよ。

■指 針■　**2次不等式の解**　2次関数のグラフで考える。

解 答

条件から, $y=ax^2+bx+4$ のグラフは, $x<-1$, $2<x$ の範囲で x 軸より下側にある。

すなわち, 上に凸の放物線で, 2点 $(-1, 0)$, $(2, 0)$ を通るから

$$a<0 \ \cdots\cdots ①, \quad 0=a-b+4 \ \cdots\cdots ②, \quad 0=4a+2b+4 \ \cdots\cdots ③$$

②, ③ を解くと　$a=-2$, $b=2$

これは ① を満たす。　**答**　$a=-2$, $b=2$

別 解　$x<-1$, $2<x$ を解とする2次不等式の1つは

$$(x+1)(x-2)>0 \quad \text{すなわち} \quad x^2-x-2>0$$

両辺に -2 を掛けて　$-2x^2+2x+4<0$

$ax^2+bx+4<0$ と係数を比較して　$a=-2$, $b=2$ **答**

262 次の連立不等式を満たす整数 x の値をすべて求めよ。

(1) $\begin{cases} 2x^2-x-3<0 \\ 3x^2-10x+3<0 \end{cases}$　　(2) $\begin{cases} x^2+2x>1 \\ x^2-x<6 \end{cases}$

*263 次の条件を満たすように, 定数 a, b, c の値を定めよ。

(1) 2次不等式 $x^2+bx+c>0$ の解が $x<-2$, $1<x$

(2) 2次不等式 $ax^2+2x+c<0$ の解が $-3<x<1$

(3) 2次不等式 $ax^2+bx+1>0$ の解が $-2<x<1$

264 a, b は定数とする。2次不等式 $4x^2+ax+b<0$ の解が $1<x<\dfrac{5}{4}$ であるとき, 2次不等式 $bx^2+ax+4\geqq0$ の解を求めよ。

265 次の2次不等式を解け。ただし, a は定数とする。

(1) $(x+2)(x-a)<0$　　　　　*(2) $x^2-(a+1)x+a>0$

▒▒▒ 発展 ▒▒▒

266 2次不等式 $x^2-(a+3)x+3a<0$ を満たす整数 x がちょうど2個だけ存在するように, 定数 a の値の範囲を定めよ。

ヒント 266 数直線を利用するとわかりやすい。

■■ 連立不等式の応用（解の判別）

例題 32　2つの2次方程式 $x^2+2mx+m+2=0$, $x^2+mx+m=0$ が，ともに実数解をもつように，定数 m の値の範囲を定めよ。

■指針■　**2次方程式の解の判別**　2つの2次方程式の判別式を D_1, D_2 とすると

ともに実数解をもつ $\iff D_1 \geqq 0$ かつ $D_2 \geqq 0$

解答　2つの2次方程式の判別式をそれぞれ D_1, D_2 とすると

$$D_1 = (2m)^2 - 4 \cdot 1 \cdot (m+2) = 4(m+1)(m-2)$$
$$D_2 = m^2 - 4 \cdot 1 \cdot m = m(m-4)$$

2つの2次方程式がともに実数解をもつための必要十分条件は

$$D_1 \geqq 0 \quad かつ \quad D_2 \geqq 0$$

$D_1 \geqq 0$ から　$(m+1)(m-2) \geqq 0$

よって　　　$m \leqq -1,\ 2 \leqq m$　……①

$D_2 \geqq 0$ から　$m(m-4) \geqq 0$

よって　　　$m \leqq 0,\ 4 \leqq m$　……②

①と②の共通範囲を求めて

$$m \leqq -1,\ 4 \leqq m \quad \boxed{答}$$

■■■ B ■■■

267 次の条件を満たすように，定数 m の値の範囲を定めよ。

*(1)　2次方程式 $x^2+mx+m=0$ が異なる2つの実数解をもつ。

*(2)　2次関数 $y=-x^2+4mx-6m+2$ のグラフが x 軸より下側にある。

*(3)　2次不等式 $x^2+mx+3>0$ の解がすべての実数である。

(4)　2次方程式 $x^2+(m+1)x+3(m+1)=0$ が実数解をもたない。

***268** k は定数とする。次の方程式の実数解の個数を調べよ。

(1)　$x^2+kx-k+8=0$　　　　　　(2)　$x^2+kx+k-1=0$

269 2つの放物線 $y=x^2+2x+m$, $y=x^2+mx+m+3$ がともに x 軸と共有点をもつとき，定数 m の値の範囲を求めよ。

***270** 2つの2次方程式 $x^2-2ax+a+6=0$, $x^2+ax+2a=0$ について次の条件が成り立つように，定数 a の値の範囲を定めよ。

(1)　2つの方程式がともに実数解をもつ。

(2)　2つの方程式の少なくとも一方が実数解をもつ。

(3)　2つの方程式の一方だけが実数解をもつ。

ヒント 270 2つの2次方程式の判別式を D_1, D_2 とすると

(2) 少なくとも一方が実数解をもつ $\iff D_1 \geqq 0$ または $D_2 \geqq 0$

■■ 解の範囲と係数 (方程式)

例題 33　2次方程式 $x^2-kx+4=0$ が，$1<x<4$ の範囲に異なる2つの実数解をもつように，定数 k の値の範囲を定めよ。

指針　**ある範囲で解をもつ条件**　$f(x)=ax^2+bx+c\ (a>0)$ とすると
　2次方程式 $f(x)=0$ が $p<x<q$ の範囲に異なる2つの実数解をもつ
　$\iff$ 放物線 $y=f(x)$ が x 軸の $p<x<q$ の部分と異なる2点で交わる
　よって　（判別式）>0，$p<$（軸の位置）$<q$，$f(p)>0$，$f(q)>0$

解答　$f(x)=x^2-kx+4$ とする。
　2次方程式 $f(x)=0$ の判別式を D とすると
　　　$D=k^2-16=(k+4)(k-4)$

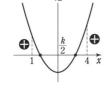

　放物線 $y=f(x)$ は下に凸で，軸は直線 $x=\dfrac{k}{2}$ である。

[1]　$D>0$ から　　$k<-4,\ 4<k$ ……　①
[2]　$1<\dfrac{k}{2}<4$ から　　$2<k<8$ ……　②
[3]　$f(1)>0$ から　　$5-k>0$ すなわち $k<5$ ……　③
[4]　$f(4)>0$ から　　$20-4k>0$ すなわち $k<5$ ……　④
①〜④の共通範囲を求めて　　**$4<k<5$**　**答**

■■■ B ■■■

☐*271　方程式 $x^2+mx+3=0$ が次のような実数解をもつように，定数 m の値の範囲を定めよ。
　(1)　異なる2つの正の解　　　　　(2)　-1 より小さい異なる2つの解

☐*272　2次方程式 $x^2+kx+2k-1=0$ が，$-2<x<5$ の範囲に異なる2つの実数解をもつように，定数 k の値の範囲を定めよ。

☐ 273　次の2次不等式が，指定された範囲で常に成り立つように，定数 m の値の範囲をそれぞれ定めよ。
　(1)　$x^2-2x+m\geqq0$　　(ア)　$-2\leqq x\leqq0$　　(イ)　$0\leqq x\leqq3$
　(2)　$-2x^2+4x+m\geqq0$　　(ア)　$-3\leqq x\leqq1$　　(イ)　$1\leqq x\leqq4$

■■■ 発展 ■■■

☐ 274　2次不等式 $x^2+2mx+1\geqq0$ が $0\leqq x\leqq2$ において常に成り立つように，定数 m の値の範囲を定めよ。

ヒント 273 与えられた範囲を定義域とする関数について　（最小値）$\geqq0$

25　2次関数の種々の問題

解の範囲と係数（方程式）

例題 34　次の2次方程式の1つの解が0と2の間にあり，他の解が3と7の間にあるように，定数 k の値の範囲を定めよ。

(1)　$x^2+kx+3=0$　　　　　(2)　$kx^2+2x+3k+1=0$

指針　**解の存在**　2次関数 $y=f(x)$ について，$f(s)$ と $f(t)$ の符号が異なると，s と t の間に $f(x)=0$ となる x の値 α が存在する。すなわち，$s<t$ とすると

$$f(s)f(t)<0 \implies f(x)=0 \text{ の解 } x=\alpha \ (s<\alpha<t) \text{ が存在}$$

解答　(1)　$f(x)=x^2+kx+3$ とすると，放物線 $y=f(x)$ は下に凸で，$f(0)=3>0$ であるから，2次方程式 $f(x)=0$ の1つの解が0と2の間にあり，他の解が3と7の間にあるための条件は

$$f(2)<0 \text{ かつ } f(3)<0 \text{ かつ } f(7)>0$$

よって　　$7+2k<0, \ 12+3k<0, \ 52+7k>0$

これらの共通範囲を求めて　　$-\dfrac{52}{7}<k<-4$　**答**

(2)　$g(x)=kx^2+2x+3k+1$ とすると，$g(0)$ と $g(2)$ が異符号でかつ $g(3)$ と $g(7)$ が異符号であればよいから

$$g(0)g(2)<0 \text{ かつ } g(3)g(7)<0$$

よって

$$(3k+1)(7k+5)<0, \ (12k+7)(52k+15)<0$$

これらの共通範囲を求めて　　$-\dfrac{7}{12}<k<-\dfrac{1}{3}$　**答**

発展

☑ **275**　2次方程式 $x^2+kx+k-2=0$ が次の条件を満たすように，定数 k の値の範囲を定めよ。

(1)　1つの解が -3 と -1 の間にあり，他の解が2と4の間にある。

(2)　1つの解は1より大きく，もう1つの解は1より小さい。

☑ **276**　2次方程式 $2kx^2-(k+2)x-5=0$ の1つの解が -1 と0の間にあり，他の解が2と3の間にあるように，定数 k の値の範囲を定めよ。

☑ **277**　2次関数 $y=x(x-1)+(x-1)(x-2)+(x-2)x$ のグラフと x 軸が，$0<x<1$ と $1<x<2$ の範囲で1点ずつ共有点をもつことを示せ。

ヒント　**277** $y=f(x)$ とおいて，$f(0)$, $f(1)$, $f(2)$ の値の符号を調べる。

■解の範囲と係数 (不等式)

例題 35 不等式 $x^2-5x+4\leqq0$ を満たすすべての x が，次の不等式を満たすように，定数 a の値の範囲を定めよ。

(1) $x^2+2ax+3\leqq0$ (2) $x^2+2ax+3\geqq0$

指針 **解の包含関係** 不等式 Ⓐ を満たすすべての x が不等式 Ⓑ を満たす。
⟶ Ⓐ の解が Ⓑ の解に含まれる。

解答 $x^2-5x+4\leqq0$ から $(x-1)(x-4)\leqq0$
よって $1\leqq x\leqq4$

(1) 条件を満たすためには，$1\leqq x\leqq4$ が $x^2+2ax+3\leqq0$
の解に含まれればよい。
$f(x)=x^2+2ax+3$ とすると，そのための条件は
$f(1)\leqq0$ かつ $f(4)\leqq0$
ゆえに $1^2+2a\cdot1+3\leqq0$ かつ $4^2+2a\cdot4+3\leqq0$
よって $a\leqq-\dfrac{19}{8}$ **答**

(2) $f(x)=x^2+2ax+3$ とすると $f(x)=(x+a)^2-a^2+3$
放物線 $y=f(x)$ の軸は 直線 $x=-a$
$1\leqq x\leqq4$ において，$f(x)\geqq0$ となるための条件は，$y=f(x)$ の軸の位置で場合分けすると

[1] $-a<1$ すなわち $a>-1$ のとき
  $f(1)=2a+4\geqq0$ から $a\geqq-2$
  よって $a>-1$

[2] $1\leqq-a\leqq4$ すなわち $-4\leqq a\leqq-1$ のとき
  $f(-a)=-a^2+3\geqq0$ から $-\sqrt{3}\leqq a\leqq\sqrt{3}$
  よって $-\sqrt{3}\leqq a\leqq-1$

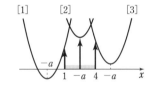

[3] $4<-a$ すなわち $a<-4$ のとき
  $f(4)=8a+19\geqq0$ から $a\geqq-\dfrac{19}{8}$
  これは $a<-4$ を満たさないから不適。

[1]〜[3] から $a\geqq-\sqrt{3}$ **答**

■■■■ 発展 ■■■■

278 不等式 $(x+1)(x-2)<0$ を満たすすべての x が，次の不等式を満たすように，定数 a の値の範囲を定めよ。

(1) $(x-a)(x-a-5)<0$ (2) $(x-a)(x-a-5)>0$

279 不等式 $x^2-6x+8\leqq0$ を満たすすべての x が，次の不等式を満たすように，定数 a の値の範囲を定めよ。

(1) $x^2+4ax+5\leqq0$ (2) $x^2+4ax+5\geqq0$

第3章 2次関数

条件つき最大・最小(2)

例題 36　$x^2+y^2=16$ のとき，$P=6x+y^2$ の最大値と最小値，およびそのときの $x,\ y$ の値を求めよ。

指針　**条件つき最大・最小**　条件式を $y^2=16-x^2$ と変形して P に代入すると，P は x の2次式になる。

また，$y^2\geqq0$ から　$16-x^2\geqq0$　　x の変域に制限がつくことに注意。

解答　$x^2+y^2=16$ から　　$y^2=16-x^2$ ……①

$y^2\geqq0$ であるから　　$16-x^2\geqq0$

よって　　$-4\leqq x\leqq4$

また，①から

$$P=6x+y^2=6x+(16-x^2)$$
$$=-(x^2-6x)+16$$
$$=-(x-3)^2+3^2+16$$
$$=-(x-3)^2+25$$

$-4\leqq x\leqq4$ であるから，P は

　　　　$x=3$ で最大値 25,

　　　　$x=-4$ で最小値 -24　をとる。

①から，$x=3$　のとき　　$y^2=7$　　ゆえに　　$y=\pm\sqrt{7}$

　　　　$x=-4$ のとき　　$y^2=0$　　ゆえに　　$y=0$

したがって　　$\boldsymbol{x=3,\ y=\pm\sqrt{7}}$ **で最大値 25；**

　　　　　　　$\boldsymbol{x=-4,\ y=0}$ **で最小値 -24** 答

■■■ 発展 ■■■

☑ **280** 次の式の最大値と最小値，およびそのときの $x,\ y$ の値を求めよ。

(1)　$x^2+y^2=1$ のとき　x^2+4y

(2)　$x^2+y^2=1$ のとき　x^2-y^2+2x

☑ **281** $x,\ y$ が互いに関係なく変化するとき，$P=x^2-4xy+5y^2-6y+10$ について，次の問いに答えよ。

(1)　y を定数とみると，P は x の2次関数と考えられる。このとき P の最小値 m を y の式で表せ。

(2)　m の最小値とそのときの y の値を求めよ。

(3)　P の最小値とそのときの $x,\ y$ の値を求めよ。

ヒント 281 (3) aX^2+bY^2+r $(a>0,\ b>0,\ r$ は定数$)$ は $X=Y=0$ で最小値 r をとる。

26 絶対値を含む関数のグラフ

■ グラフと実数解

例題 37

(1) 関数 $y=(x+1)|x-3|$ のグラフをかけ。

(2) 方程式 $(x+1)|x-3|=a$ の実数解の個数は，定数 a の値によってどのように変わるか。

指針 **絶対値を含む関数のグラフ** 絶対値記号の中の式の符号によって場合分け。

絶対値を含む方程式 方程式 $(x+1)|x-3|=a$ の実数解の個数は，

$y=(x+1)|x-3|$ のグラフと直線 $y=a$ の共有点の個数と一致する。

解答
(1) $x-3\geqq0$ すなわち $x\geqq3$ のとき

$$y=(x+1)(x-3)=x^2-2x-3$$
$$=(x-1)^2-4$$

$x-3<0$ すなわち $x<3$ のとき

$$y=-(x+1)(x-3)=-x^2+2x+3$$
$$=-(x-1)^2+4$$

よって，求めるグラフは **右の図の実線部分** である。**答**

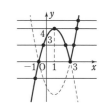

(2) 方程式 $(x+1)|x-3|=a$ の実数解の個数は，

$y=(x+1)|x-3|$ のグラフと直線 $y=a$ の共有点の個数と
一致する。

よって，右の図から

$a>4$ のとき 1 個，$a=4$ のとき 2 個，

$0<a<4$ のとき 3 個，

$a=0$ のとき 2 個，$a<0$ のとき 1 個 **答**

▦▦▦ B ▦▦▦

■ 次の関数のグラフをかけ。［**282〜284**］

☐ **282** *(1) $y=|x+4|$　　　(2) $y=|2x-1|$　　　*(3) $y=|x^2+2x-3|$

☐ **283** (1) $y=|x-2|+x$　　　　　　*(2) $y=|x+3|(x-2)$

☐ **284** *(1) $y=|x+1|+|x-2|$　　　(2) $y=|x-3|-|x+2|$

▦▦▦ 発展 ▦▦▦

☐ **285** グラフを利用して，次の不等式を解け。

(1) $|2x-6|>x$　　　　　(2) $|x^2-4|>-3x$

☐ **286** (1) 関数 $y=|x^2-6x+5|$ のグラフをかけ。

(2) 方程式 $|x^2-6x+5|=a$ の実数解の個数は，定数 a の値によってどのように変わるか。

27 第3章 演習問題

最大・最小（文字係数）

例題 38 関数 $y=-x^2+2kx+l$ $(1 \leq x \leq 5)$ の最大値が 15，最小値が -3 であるように，定数 k, l の値を定めよ。

指針 **文字係数つきの最大・最小** 軸と区間の位置関係で場合分けする。

解答 関数の式を変形すると $y=-(x-k)^2+k^2+l$

よって，この関数のグラフは放物線で，軸は直線 $x=k$ である。

また，定義域の中央の値は 3

[1] $k<1$ のとき $x=1$ で最大，$x=5$ で最小。

よって $-1+2k+l=15$, $-25+10k+l=-3$

[2] $1 \leq k \leq 3$ のとき $x=k$ で最大，$x=5$ で最小。

よって $k^2+l=15$, $-25+10k+l=-3$

[3] $3<k \leq 5$ のとき $x=k$ で最大，$x=1$ で最小。

よって $k^2+l=15$, $-1+2k+l=-3$

[4] $k>5$ のとき $x=5$ で最大，$x=1$ で最小。

よって $-25+10k+l=15$, $-1+2k+l=-3$

[1]〜[4] から $(k, l)=\left(\dfrac{3}{4}, \dfrac{29}{2}\right)$, $\left(\dfrac{21}{4}, -\dfrac{25}{2}\right)$ **答**

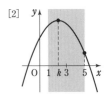

[2]

■■■ B ■■■

☐ **287** 2次関数 $y=x^2-mx+m+3$ のグラフの頂点が第1象限にあるとき，定数 m の値の範囲を求めよ。

☐ **288** 次の条件を満たすように，定数 a, b の値を定めよ。

(1) 2次関数 $y=ax^2+2ax+b$ $(-2 \leq x \leq 1)$ の最大値が5，最小値が1

(2) 2次関数 $y=x^2-2ax+b$ $(0 \leq x \leq 6)$ の最大値が10，最小値が -6

☐ **289** 次の関数の最大値 $M(a)$ を求めよ。また，$b=M(a)$ のグラフを ab 平面上にかけ。

(1) $y=-x^2+2x+1$ $(0 \leq x \leq a)$ ただし，$a>0$ とする。

(2) $y=-x^2+(a+1)x+1$ $(0 \leq x \leq a)$ ただし，$a>0$ とする。

☐ **290** 2次方程式 $x^2+(a-2)x-3(a+1)=0$ …… ① が重解をもつとき，定数 a の値を次の方法で求めよ。

(1) ① の2つの解 α, β を求め，$\alpha=\beta$ として a の値を求める。

(2) ① の判別式 D について，$D=0$ として a の値を求める。

■ 解の範囲と係数（少なくとも）

例題 39　2次方程式 $x^2-2ax+3=0$ が $x>1$ の解を少なくとも1つもつ
ように，定数 a の値の範囲を定めよ。

指針　**少なくとも1つ**　2つの解を $\alpha,\ \beta\ (\alpha\leqq\beta)$ とすると，$1<\alpha\leqq\beta,\ \alpha<1<\beta$，
$\alpha=1<\beta$ の場合がある。
「実数解をもつ場合」から「$\alpha\leqq\beta\leqq1$ の場合」を除いてもよい。

解答　$f(x)=x^2-2ax+3$ とする。
2次方程式 $f(x)=0$ の判別式を D とすると
$$D=4a^2-12=4(a+\sqrt{3}\,)(a-\sqrt{3}\,)$$
放物線 $y=f(x)$ は下に凸で，軸は直線 $x=a$ である。
[1]　2つの解がともに $x>1$ のとき　　$D\geqq0,\ a>1,\ f(1)>0$
　　よって　　$a\leqq-\sqrt{3},\ \sqrt{3}\leqq a$；$a>1$；$4-2a>0$
　　ゆえに　　$\sqrt{3}\leqq a<2$
[2]　1つの解が $x>1$，他の解が $x<1$ のとき　　$f(1)<0$ から　$a>2$
[3]　1つの解が $x>1$，他の解が $x=1$ のとき　　$f(1)=0$ から　$a=2$
　　このとき，方程式は $x^2-4x+3=0$ から　　$x=1,\ 3$（条件を満たす）
[1]～[3]の結果を合わせて　　$a\geqq\sqrt{3}$　**答**

別解　実数解をもつとき，$D\geqq0$ から　　$a\leqq-\sqrt{3},\ \sqrt{3}\leqq a$ …… Ⓐ
2つの解がともに $x\leqq1$ のとき　　$D\geqq0,\ a\leqq1,\ f(1)\geqq0$
よって　　$a\leqq-\sqrt{3}$ …… Ⓑ　　Ⓐから Ⓑを除くと　　$a\geqq\sqrt{3}$　**答**

■■■ 発展 ■■■

☐ **291**　x のすべての実数の値に対して $(k^2-1)x^2+2(k+1)x+3>0$ が成り立つよう
に，定数 k の値の範囲を定めよ。

☐ **292**　$f(x)=x^2+mx+2,\ g(x)=-x^2+2x$ について，次の条件を満たすような，
定数 m の値の範囲を求めよ。
(1)　x のすべての値に対して　　$f(x)>g(x)$
(2)　$x_1,\ x_2$ のすべての値に対して　$f(x_1)>g(x_2)$

☐ **293**　2次方程式 $4x^2-8ax+a=0$ が，次の条件を満たすように定数 a の値の範囲
を定めよ。
(1)　$x>1$ において少なくとも1つの解をもつ。
(2)　$0<x<1$ において少なくとも1つの解をもつ。

ヒント **291** $ax^2+bx+c>0$ が常に成り立つ条件は，「$a>0$ かつ $D<0$」または「$a=b=0,\ c>0$」
292 (2)（$f(x)$ の最小値）>（$g(x)$ の最大値）となればよい。

第4章 図形と計量

28 三　角　比

1 正弦 (sin)，余弦 (cos)，正接 (tan)
右の図の直角三角形において

① $\sin\theta=\dfrac{y}{r}$,　$\cos\theta=\dfrac{x}{r}$,　$\tan\theta=\dfrac{y}{x}$

② $y=r\sin\theta$,　$x=r\cos\theta$,　$y=x\tan\theta$

2 30°，60°，45° の三角比

$\sin30°=\dfrac{1}{2}$,　$\sin60°=\dfrac{\sqrt{3}}{2}$

$\cos30°=\dfrac{\sqrt{3}}{2}$,　$\cos60°=\dfrac{1}{2}$

$\tan30°=\dfrac{1}{\sqrt{3}}$,　$\tan60°=\sqrt{3}$

$\sin45°=\dfrac{1}{\sqrt{2}}$

$\cos45°=\dfrac{1}{\sqrt{2}}$

$\tan45°=1$

注 意　以下，塔や建物の高さなどを求める問題では，目の高さは考えないものとする。

■■A■■

☐ **294** 下の図において，α，β の正弦，余弦，正接の値を求めよ。

*(1)　　　　　　　　(2)　　　　　　　　*(3)

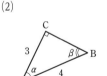

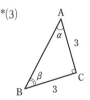

■巻末の三角比の表 (p. 127) を用いて，次の問いに答えよ。[**295**, **297**, **298**]

☐ **295** 次の x の値，鋭角 θ のおよその大きさを求めよ。

*(1)　$x=\sin35°$　　　　(2)　$x=\cos80°$　　　　(3)　$x=\tan62°$

*(4)　$\sin\theta=0.24$　　*(5)　$\cos\theta=0.9$　　*(6)　$\tan\theta=4.01$

☐ **296** 次のような △ABC について，他の2辺の長さを求めよ。

(1)　∠A＝60°，∠C＝90°，AB＝6　　*(2)　∠A＝45°，∠C＝90°，BC＝2

☐ ***297** ある地点から高さ 40 m の建物の屋上を見上げたところ，仰角が 25° であった。その地点と建物との距離は約何 m か。1 m 未満は四捨五入して求めよ。

☐ **Aの まとめ** **298** 海面上 x m の地点から，ロープで結んだ舟を引き寄せる。ロープの長さが 20 m であり，舟を見下ろす俯角が 13° となったとき，x の値を求めよ。ただし，小数第2位を四捨五入せよ。

■長さの測定

例題 40

地点Aで木の先端Pの仰角を測ったところ，30°であった。木に向かって水平に 2 m 近づいた地点BでPの仰角を測ったところ，45°であった。木の高さを求めよ。

指針 **三角比の利用** まず図をかき，直角三角形を見つける。

解答
木の根もとの地点をCとし，$PC = x$ (m) とする。
△PBC において $BC = x$
△PAC において $PC = (AB + BC)\tan 30°$

よって $x = (2 + x)\dfrac{1}{\sqrt{3}}$

整理して $(\sqrt{3} - 1)x = 2$

ゆえに $x = \dfrac{2}{\sqrt{3} - 1} = \dfrac{2(\sqrt{3} + 1)}{(\sqrt{3} - 1)(\sqrt{3} + 1)} = \sqrt{3} + 1$ (m) **答**

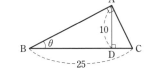

B

☑*299 右の図のような，$AB > AC$，$BC = 25$，$AD = 10$ である直角三角形 ABC について
(1) BD，CD の長さを求めよ。
(2) $\cos\theta$ の値を求めよ。

☑*300 地点Aから塔の先端Pを見た仰角は 45°，塔に向かって水平に 50 m 進んだ地点BからPを見た仰角は 60° であった。塔の高さを求めよ。

☑*301 地点Oに塔が立っている。地点Oより真東にある地点Aで，塔の先端Pの仰角を測ったところ，60° であった。また，地点Oより真南に 25 m 離れた地点BからAまでの距離を測ったところ，50 m であった。塔の高さを求めよ。

☑ 302 傾きが 10° の坂道を，右に 30° の方向に 20 m 登ると，鉛直方向に約何 m 登ったことになるか。ただし，$\sqrt{3} = 1.73$，$\sin 10° = 0.17$ として，1 m 未満は四捨五入して求めよ。

☑*303 右の図のように，建物の真西の地点Aから点Pを見た仰角が 45°，真南の地点BからPを見た仰角が 30°，A，B 間の距離が 32 m であった。建物の高さ PQ を求めよ。

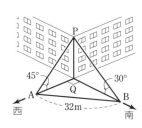

29 三角比の相互関係

1 **三角比の相互関係** $(0°<\theta<90°)$

① $\tan\theta=\dfrac{\sin\theta}{\cos\theta}$　② $\sin^2\theta+\cos^2\theta=1$　③ $1+\tan^2\theta=\dfrac{1}{\cos^2\theta}$

2 **$90°-\theta$ の三角比** $(0°<\theta<90°)$

$\sin(90°-\theta)=\cos\theta$,　$\cos(90°-\theta)=\sin\theta$,　$\tan(90°-\theta)=\dfrac{1}{\tan\theta}$

A

304 θ は鋭角とする。$\sin\theta$, $\cos\theta$, $\tan\theta$ のうち1つが次の値をとるとき，他の2つの値を求めよ。

*(1) $\sin\theta=\dfrac{4}{5}$　　(2) $\cos\theta=\dfrac{5}{13}$　　*(3) $\tan\theta=3$

305 次の三角比を 45° 以下の角の三角比で表せ。

(1) $\sin80°$　　　*(2) $\cos50°$　　　(3) $\tan62°$

306 次の式の値を求めよ。

(1) $\sin^2 40°+\cos^2 40°$　　　　　*(2) $\sin^2 25°+\sin^2 65°$

*(3) $\sin20°\cos70°+\cos20°\sin70°$　　(4) $\dfrac{1}{\tan^2 75°}-\dfrac{1}{\cos^2 15°}$

307 △ABC の3つの内角 ∠A, ∠B, ∠C の大きさを，それぞれ A, B, C とする。左辺を計算して右辺を導くことにより，次の等式が成り立つことを証明せよ。

$$\sin\dfrac{A}{2}\cos\dfrac{B+C}{2}+\cos\dfrac{A}{2}\sin\dfrac{B+C}{2}=1$$

308 次の式の値を求めよ。

(1) $(\sin\theta+\cos\theta)^2+(\sin\theta-\cos\theta)^2$

*(2) $(1-\sin\theta)(1+\sin\theta)-\dfrac{1}{1+\tan^2\theta}$

Aのまとめ 309 次の値を求めよ。

(1) $\sin\theta=\dfrac{1}{3}$ $(0°<\theta<90°)$ のとき　$\cos\theta$, $\tan\theta$

(2) $\tan\theta=\sqrt{5}$ $(0°<\theta<90°)$ のとき　$\sin\theta$, $\cos\theta$

(3) $\cos^2 28°+\cos^2 62°$

30 三角比の拡張(1)

1 **三角比の値の範囲** $(0°≦θ≦180°)$
$0≦\sin θ≦1$, $-1≦\cos θ≦1$, $\tan θ$ $(θ≠90°)$ はすべての実数値をとる。

2 **$180°-θ$ の三角比** $(0°≦θ≦180°)$
$\sin(180°-θ)=\sin θ$, $\cos(180°-θ)=-\cos θ$, $\tan(180°-θ)=-\tan θ$

3 **$90°+θ$ の三角比** $(0°≦θ≦90°)$
$\sin(90°+θ)=\cos θ$, $\cos(90°+θ)=-\sin θ$, $\tan(90°+θ)=-\dfrac{1}{\tan θ}$

A

☑*310 次の三角比の表を完成せよ。

$θ$	$0°$	$30°$	$45°$	$60°$	$90°$	$120°$	$135°$	$150°$	$180°$
$\sin θ$					1			$\dfrac{1}{2}$	
$\cos θ$		$\dfrac{\sqrt{3}}{2}$				$-\dfrac{1}{2}$			
$\tan θ$	0			$\sqrt{3}$			-1		

☑ 311 $0°<θ<180°$ とする。次の条件を満たす角 $θ$ は鋭角，鈍角のどちらか。
(1) $\sin θ \cos θ>0$　　*(2) $\sin θ \cos θ<0$　　(3) $\sin θ \tan θ>0$

☑ 312 次の三角比を $45°$ 以下の角の三角比で表せ。
*(1) $\sin 156°$　　(2) $\cos 156°$　　(3) $\tan 156°$
(4) $\sin 110°$　　*(5) $\cos 93°$　　*(6) $\tan 117°$

☑ 313 巻末の三角比の表 $(p.127)$ を用いて，次の三角比の値を求めよ。
(1) $\sin 125°$, $\cos 125°$, $\tan 125°$
*(2) $\sin 165°$, $\cos 113°$, $\tan 98°$

☑ 314 次の式の値を求めよ。
(1) $\sin 120°+\cos 135°+\tan 150°$
*(2) $\sin 110°+\cos 160°+\tan 10°+\tan 170°$

☑ **Aの まとめ** 315 (1) 巻末の三角比の表を用いて，$\sin θ=0.19$ を満たす $θ$ のおよその大きさを求めよ。ただし，$0°≦θ≦180°$ とする。
(2) $\cos 130°$ を $45°$ 以下の角の三角比で表せ。

31 三角比の拡張 (2)

1 三角比の相互関係 ($0° \leqq \theta \leqq 180°$)

① $\tan\theta = \dfrac{\sin\theta}{\cos\theta}$ ② $\sin^2\theta + \cos^2\theta = 1$ ③ $1 + \tan^2\theta = \dfrac{1}{\cos^2\theta}$

2 直線の傾きと正接

直線 $y = mx$ と x 軸の正の向きとのなす角を
θ とすると
$$m = \tan\theta$$

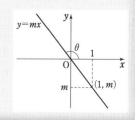

■A■

☑ **316** $0° \leqq \theta \leqq 180°$ のとき，次の等式を満たす θ を求めよ。

*(1) $\sin\theta = \dfrac{\sqrt{2}}{2}$ (2) $\cos\theta = \dfrac{1}{2}$ *(3) $\tan\theta = -1$

(4) $2\sin\theta = 1$ *(5) $2\cos\theta = -\sqrt{3}$ (6) $\sqrt{3}\tan\theta - 1 = 0$

☑ **317** $0° \leqq \theta \leqq 180°$ とする。$\sin\theta$, $\cos\theta$, $\tan\theta$ のうち1つが次の値をとるとき，他の2つの値を求めよ。

*(1) $\sin\theta = \dfrac{2}{5}$ (2) $\cos\theta = -\dfrac{12}{13}$ *(3) $\tan\theta = -3$

☑ **318** 次の直線と x 軸の正の向きとのなす角 θ を求めよ。

(1) $y = \dfrac{1}{\sqrt{3}}x$ *(2) $y = -x$ (3) $y = \sqrt{3}x + 1$

☑ **319** x 軸の正の向きとのなす角が，次のようになる直線の傾きを求めよ。

(1) $45°$ *(2) $120°$ *(3) $135°$

☑ **Aのまとめ** **320** (1) $0° \leqq \theta \leqq 180°$ とする。$\sin\theta = \dfrac{5}{13}$ のとき，$\cos\theta$, $\tan\theta$ の値を求めよ。

(2) 直線 $x + \sqrt{3}y = 1$ と x 軸の正の向きとのなす角 θ を求めよ。

三角比の式の値

例題 **41**

$0°≦θ≦180°$ とする。
(1) $(\cosθ+\sinθ)(\cosθ-\sinθ)$ を $\cosθ$ のみで表せ。
(2) $\tanθ=3$ のとき $(\cosθ+\sinθ)(\cosθ-\sinθ)$ の値を求めよ。

指針 **三角比の相互関係の利用** $\sin^2θ+\cos^2θ=1$, $1+\tan^2θ=\dfrac{1}{\cos^2θ}$ を利用する。

解答
(1) $(\cosθ+\sinθ)(\cosθ-\sinθ)=\cos^2θ-\sin^2θ$
$\sin^2θ+\cos^2θ=1$ から $\sin^2θ=1-\cos^2θ$
よって $\cos^2θ-\sin^2θ=\cos^2θ-(1-\cos^2θ)=\boldsymbol{2\cos^2θ-1}$ **答**
(2) $\tanθ=3$ を $1+\tan^2θ=\dfrac{1}{\cos^2θ}$ に代入して整理すると $\cos^2θ=\dfrac{1}{10}$

(1)から (与式)$=2\cdot\dfrac{1}{10}-1=-\dfrac{4}{5}$ **答**

321 次の式のとりうる値の範囲を求めよ。
(1) $\sinθ+3$ $(0°≦θ≦180°)$ *(2) $4\cosθ-2$ $(0°≦θ≦180°)$
(3) $-2\cosθ+1$ $(60°≦θ≦150°)$ *(4) $\sqrt{3}\tanθ-3$ $(30°≦θ<60°)$

322 次の2直線のなす鋭角 $θ$ を求めよ。
*(1) $y=\sqrt{3}\,x$, $y=x$ (2) $x+y=0$, $x-\sqrt{3}\,y=0$

*323 $0°≦θ≦180°$ とする。左辺を計算して右辺を導くことにより，次の等式が成り立つことを証明せよ。
(1) $\dfrac{\tan^2θ}{\tan^2θ+1}=\sin^2θ$ (2) $\dfrac{\sinθ\cosθ}{(1+\sinθ)\tanθ}=1-\sinθ$
(3) $(\sinθ+2\cosθ)^2+(2\sinθ-\cosθ)^2=5$

*324 $0°≦θ≦180°$ とする。$\sinθ+\cosθ=\sqrt{2}$ のとき，次の式の値を求めよ。
(1) $\sinθ\cosθ$ (2) $\sinθ-\cosθ$

発展

325 $0°≦θ≦180°$ とする。$\sinθ+\cosθ=\dfrac{1}{2}$ のとき，次の式の値を求めよ。
(1) $\sinθ\cosθ$ (2)◆ $\sin^3θ+\cos^3θ$ (3) $\sinθ-\cosθ$

326 $0°≦θ≦180°$ とする。次の不等式を満たす $θ$ の値の範囲を求めよ。
(1) $\sinθ≦\dfrac{1}{2}$ (2) $\cosθ>-\dfrac{1}{\sqrt{2}}$ (3) $\tanθ≧\dfrac{1}{\sqrt{3}}$

32　正弦定理，余弦定理

以下，断りのない限り，△ABC において，頂点 A，B，C に向かい
合う辺 BC，CA，AB の長さを，それぞれ a, b, c で表し，∠A，
∠B，∠C の大きさを，それぞれ A, B, C で表す。

1　正弦定理

$$\frac{a}{\sin A}=\frac{b}{\sin B}=\frac{c}{\sin C}=2R\ (R\text{は}\ \triangle ABC\ \text{の外接円の半径})$$

$a=2R\sin A,\ b=2R\sin B,\ c=2R\sin C$

2　余弦定理

$a^2=b^2+c^2-2bc\cos A,\quad b^2=c^2+a^2-2ca\cos B,\quad c^2=a^2+b^2-2ab\cos C$

$\cos A=\dfrac{b^2+c^2-a^2}{2bc},\quad \cos B=\dfrac{c^2+a^2-b^2}{2ca},\quad \cos C=\dfrac{a^2+b^2-c^2}{2ab}$

3　三角形の形状

① $a>b \iff A>B$ （大きい辺には大きい角が対応）

② $A<90° \iff a^2<b^2+c^2,\ A=90° \iff a^2=b^2+c^2,\ A>90° \iff a^2>b^2+c^2$

■■A■■

327　△ABC において，外接円の半径を R とする。矢印の先の値を求めよ。

*(1)　$a=6$, $A=45°$, $B=60° \to b$　　(2)　$b=1$, $c=\sqrt{3}$, $C=120° \to B$

*(3)　$a=8$, $B=30°$, $C=105° \to b$　　(4)　$a=7$, $A=135° \to R$

*(5)　$A=135°$, $R=4 \to a$　　(6)　$b=2\sqrt{3}$, $R=2 \to B$

*(7)　$a=6$, $B=70°$, $C=80° \to R$　　*(8)　$c=R \to C$

328　△ABC において，矢印の先の値を求めよ。

*(1)　$b=4$, $c=2\sqrt{3}$, $A=30° \to a$　　(2)　$a=2$, $b=3\sqrt{2}$, $C=135° \to c$

(3)　$a=\sqrt{2}$, $b=\sqrt{10}$, $c=2 \to B$　　*(4)　$a=15$, $b=7$, $c=13 \to C$

*(5)　$a=4$, $b=\sqrt{13}$, $B=60° \to c$　　*(6)　$b=2\sqrt{2}$, $c=4$, $C=135° \to a$

*329　次の 3 つの数を辺の長さとする三角形は，鋭角三角形，直角三角形，鈍角三角形のいずれであるか。

(1)　4, 9, 11　　　　(2)　9, 10, 12　　　　(3)　6, 8, 10

Aの まとめ　330　△ABC において，次のものを求めよ。

(1)　$a=1$, $b=\sqrt{2}$, $B=45°$ のとき　A

(2)　$a=5\sqrt{3}$，外接円の半径 R が $R=5$ のとき　A

(3)　$a=4$, $b=6$, $C=60°$ のとき　c

(4)　$a=1+\sqrt{3}$, $b=2$, $c=\sqrt{6}$ のとき　C

33 正弦定理と余弦定理の応用

1 三角形の辺と角の決定

三角形の 6 つの要素 (3 辺, 3 つの角) のうち, 少なくとも 1 つの辺を含む 3 つの要素が与えられたとき, 残りの要素を求めることができる。

① **2辺とその間の角**

b, c, A が与えられたとき, a, B, C を求める。

$$a=\sqrt{b^2+c^2-2bc\cos A}, \quad \cos B=\frac{c^2+a^2-b^2}{2ca} \text{ から } B, \quad C=180°-(A+B)$$

② **1辺とその両端の角**

a, B, C が与えられたとき, b, c, A を求める。

$$A=180°-(B+C), \quad b=\frac{a\sin B}{\sin A}, \quad c=\frac{a\sin C}{\sin A}$$

③ **3辺**

a, b, c が与えられたとき, A, B, C を求める。

$$\cos A=\frac{b^2+c^2-a^2}{2bc} \text{ から } A, \quad \cos B=\frac{c^2+a^2-b^2}{2ca} \text{ から } B, \quad C=180°-(A+B)$$

④ **2辺と1角** (2 辺とその間以外の角)

b, c, B が与えられたとき, a, A, C を求める (解が 2 つ出てくる場合あり)。

$$b^2=c^2+a^2-2ca\cos B \text{ から } a, \quad \cos A=\frac{b^2+c^2-a^2}{2bc} \text{ から } A, \quad C=180°-(A+B)$$

$$\left(\text{または } \sin C=\frac{c\sin B}{b} \text{ から } C, \quad A=180°-(B+C), \quad a=\frac{b\sin A}{\sin B}\right)$$

第4章 図形と計量

■■A■■

331 次のような △ABC において, 残りの辺の長さ, 角の大きさを求めよ。

*(1) $a=\sqrt{2}$, $b=1+\sqrt{3}$, $C=45°$

(2) $a=4$, $c=8$, $B=60°$

*(3) $a=2\sqrt{3}$, $b=3\sqrt{2}$, $c=3+\sqrt{3}$

(4) $a=10$, $A=30°$, $B=120°$

*332 川のこちら岸の 30 m 離れた地点 B, C から,
対岸の地点Aを観測すると, $\angle ABC=75°$,
$\angle ACB=45°$ であった。
A, B 間の距離を求めよ。

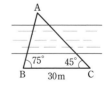

Aの まとめ **333** 次のような △ABC において, 残りの辺の長さ, 角の大きさを求めよ。

(1) $a=3\sqrt{3}$, $b=3$, $A=120°$　(2) $a=\sqrt{2}$, $b=2$, $c=\sqrt{3}-1$

■ 線分の長さ

例題 42　$\triangle$ABC において，$a=4$，$b=5$，$c=6$ とし，辺 BC の中点をMとする。線分 AM の長さを求めよ。

指針　**線分の長さ**　余弦定理により，$\triangle$ABC の 3 辺から $\cos B$ の値が求められる。次に，$\triangle$ABM に着目する。

解答　$\triangle$ABC に余弦定理を適用して

$$\cos B=\frac{6^2+4^2-5^2}{2\cdot6\cdot4}=\frac{9}{16}$$

$\triangle$ABM に余弦定理を適用して

$$AM^2=6^2+2^2-2\cdot6\cdot2\cos B$$
$$=36+4-24\cdot\frac{9}{16}=\frac{53}{2}$$

よって　$AM=\sqrt{\dfrac{53}{2}}=\dfrac{\sqrt{106}}{2}$　**答**

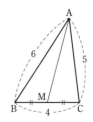

B

*334　$\triangle$ABC において，$b=6$，$c=4$，$A=120°$ とし，辺 BC の中点をMとする。次の値を求めよ。

(1)　線分 BC の長さ　　(2)　$\cos B$ の値　　(3)　線分 AM の長さ

335　$\triangle$ABC において，辺 BC の中点をM，線分 BM の中点をDとする。$a=8$，$b=5$，$c=7$ のとき，AM，AD の長さを求めよ。

発展

336　$\triangle$ABC において，次の等式が成り立つことを，正弦定理，余弦定理を利用して証明せよ。

(1)　$c(\sin^2A+\sin^2B)=\sin C(a\sin A+b\sin B)$

(2)　$a(b\cos C-c\cos B)=b^2-c^2$

337　$\triangle$ABC において，$\angle$C が鈍角であるとき，不等式 $\sin^2A+\sin^2B<\sin^2C$ が成り立つことを示せ。

ヒント 336 (1)　左辺と右辺をそれぞれ計算した結果が等しいことを示す。
(2)　左辺を計算して右辺を導く。

■ 三角形の形状

例題 43　△ABC において，$\sin C = 2\cos A \sin B$ が成り立つとき，この三角形はどのような形をしているか。

指針　**三角形の形状問題**　正弦定理と余弦定理を利用して，与えられた等式から辺の関係式を導く。

解答　△ABC の外接円の半径を R とすると，正弦定理，余弦定理により

$$\sin C = \frac{c}{2R}, \quad \cos A = \frac{b^2+c^2-a^2}{2bc}, \quad \sin B = \frac{b}{2R}$$

これらを与えられた等式に代入すると

$$\frac{c}{2R} = 2 \cdot \frac{b^2+c^2-a^2}{2bc} \cdot \frac{b}{2R}$$

両辺に $2Rc$ を掛けて　$c^2 = b^2 + c^2 - a^2$　よって　$a^2 = b^2$
a と b は正の数であるから　$a = b$　**答**　**AC＝BC の二等辺三角形**

B

☐ **338** 次のような △ABC において，残りの辺の長さ，角の大きさを求めよ。
*(1)　$b = 2\sqrt{3}$，$c = 3\sqrt{2}$，$C = 60°$　　(2)　$b = 4$，$c = 4\sqrt{3}$，$B = 30°$

☐ **339** △ABC において，$a = 2$，$b = \sqrt{6}$，$c = \sqrt{3} - 1$，$A = 45°$ のとき，次の問いに答えよ。
(1)　正弦定理を用いて，$\sin B$ の値を求めよ。
(2)　(1) の $\sin B$ の値から，B の候補として 2 つ考えられるが，そのうち 1 つは不適である。その理由を説明せよ。

☐ *340 △ABC において，次のものを求めよ。
(1)　$a:b:c = 2:3:4$ のとき　$\sin A : \sin B : \sin C$
(2)　$A:B:C = 1:2:3$ のとき　A，B，C，$a:b:c$
(3)　$(b+c):(c+a):(a+b) = 4:5:6$ のとき　A

☐ **341** △ABC において，$\sin A : \sin B : \sin C = 3:5:7$ が成り立つとき，この三角形の最も大きい角を求めよ。

発展

☐ **342** △ABC において，次の等式が成り立つとき，この三角形はどのような形の三角形か。
(1)　$a\sin A + b\sin B = c\sin C$　　(2)　$\sin B \cos C = \sin C \cos B$
(3)　$c = 2a\cos B$　　(4)　$a\cos A + b\cos B = c\cos C$

34 三角形の面積

1 三角形の面積

△ABC の面積を S とすると

$$S=\frac{1}{2}bc\sin A=\frac{1}{2}ca\sin B=\frac{1}{2}ab\sin C$$

参考 ◆ ヘロンの公式

$$S=\sqrt{s(s-a)(s-b)(s-c)} \qquad ただし\ s=\frac{a+b+c}{2}$$

2 三角形の内接円と面積

△ABC の面積を S，内接円の半径を r とすると

$$S=\frac{1}{2}r(a+b+c)$$

A

343 次のような △ABC の面積 S を求めよ。

*(1) $b=7$, $c=8$, $A=45°$

(2) $a=4$, $b=5$, $C=120°$

*(3) $a=4$, $b=5$, $c=6$

(4) $a=11$, $b=6$, $c=7$

(5) $c=10$, $A=60°$, $B=60°$

*(6) $a=2$, $b=\sqrt{6}-\sqrt{2}$, $A=105°$, $B=30°$

344 1辺の長さが3の正三角形の面積 S を求めよ。

*345 △ABC の面積を S とする。次のものを求めよ。

(1) $a=6$, $C=30°$, $S=8$ のとき b

(2) $b=\sqrt{3}$, $c=4$, $S=3$ のとき A

Aの まとめ 346 △ABC において，$b=3$, $c=4$, $A=60°$ のとき，次のものを求めよ。

(1) △ABC の面積 S （2）BC の長さ

(3) A から辺 BC に下ろした垂線 AH の長さ

■ 外接円・内接円の半径

例題 44

△ABC において，$a=14$，$b=15$，$c=13$ のとき
(1) 外接円の半径 R を求めよ。
(2) 内接円の半径 r を求めよ。

指針 **三角形の面積と外接円，内接円**

外接円の半径 R ⟶ 正弦定理 $\dfrac{a}{\sin A}=2R$ を利用。

内接円の半径 r ⟶ 三角形の面積の公式 $S=\dfrac{1}{2}bc\sin A$，$S=\dfrac{1}{2}r(a+b+c)$ を利用。

解答

(1) 余弦定理により $\cos A=\dfrac{b^2+c^2-a^2}{2bc}=\dfrac{15^2+13^2-14^2}{2\cdot15\cdot13}=\dfrac{33}{65}$

$\sin A>0$ であるから $\sin A=\sqrt{1-\cos^2 A}=\sqrt{1-\left(\dfrac{33}{65}\right)^2}=\dfrac{56}{65}$

正弦定理により $\dfrac{a}{\sin A}=2R$ よって $\boldsymbol{R}=\dfrac{a}{2\sin A}=\dfrac{65}{8}$ **答**

(2) △ABC の面積を S とすると $S=\dfrac{1}{2}bc\sin A=\dfrac{1}{2}\cdot15\cdot13\cdot\dfrac{56}{65}=84$

また $S=\dfrac{1}{2}r(a+b+c)=\dfrac{1}{2}r(14+15+13)=21r$

よって $21r=84$ ゆえに $\boldsymbol{r=4}$ **答**

☐ ***347** (1) 半径 4 の円に内接する正六角形の面積 S を求めよ。
    (2) 半径 4 の円に内接する正 n 角形の面積 S を n を用いて表せ。

☐ ***348** △ABC において，$a=7$，$b=3$，$c=5$ のとき，次の値を求めよ。
    (1) 外接円の半径 R (2) 内接円の半径 r

☐ **349** 右の図のような四角形 ABCD において，次の値を
求めよ。
    (1) BD の長さ   (2) $\cos C$ の値
    (3) 四角形 ABCD の面積 S

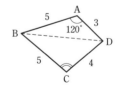

■ 発展 ■

☐ **350**⬥ ヘロンの公式（$p.76$ 要項 **1** **参考**）を用いて，次のような △ABC の面積
S を求めよ。
    (1) $a=5$，$b=6$，$c=9$ (2) $a=14$，$b=20$，$c=26$

■■ 円に内接する四角形

例題 **45**
円に内接する四角形 ABCD において，AB=1，BC=2，CD=2，DA=3 とする。次のものを求めよ。
(1)　BD の長さ　　　　　　(2)　四角形 ABCD の面積 S

■指針■　**円に内接する四角形の性質**　向かい合う角の大きさの和は 180°
対角線の長さ　△ABD，△BCD に余弦定理を適用し，対角線を 2 通りに表す。

解答
(1)　△ABD に余弦定理を適用すると
$$BD^2=1^2+3^2-2\cdot1\cdot3\cos A=10-6\cos A \quad \cdots\cdots ①$$
四角形 ABCD は円に内接するから　　$C=180°-A$
△BCD に余弦定理を適用すると
$$BD^2=2^2+2^2-2\cdot2\cdot2\cos C=8-8\cos(180°-A)$$
$$=8+8\cos A \quad \cdots\cdots ②$$
①，② から　　$10-6\cos A=8+8\cos A$

よって　　$\cos A=\dfrac{1}{7}$　　　　①に代入して　　$BD^2=\dfrac{64}{7}$

BD>0 であるから　　$\mathbf{BD}=\sqrt{\dfrac{64}{7}}=\dfrac{8\sqrt{7}}{7}$　**答**

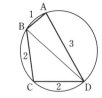

(2)　$\sin A>0$ であるから　　$\sin A=\sqrt{1-\cos^2 A}=\sqrt{1-\left(\dfrac{1}{7}\right)^2}=\dfrac{4\sqrt{3}}{7}$

よって　　$S=△ABD+△BCD=\dfrac{1}{2}\cdot1\cdot3\sin A+\dfrac{1}{2}\cdot2\cdot2\sin C$

$$=\dfrac{3}{2}\sin A+2\sin(180°-A)=\dfrac{7}{2}\sin A$$

$$=\dfrac{7}{2}\cdot\dfrac{4\sqrt{3}}{7}=2\sqrt{3}$$　**答**

B

☐ **351** 円に内接する四角形 ABCD において，AB=5，BC=7，∠D=120° とする。次のものを求めよ。
(1)　AC の長さ　　　(2)　円の半径　　　(3)　△ABC の面積

☐ **352** 円に内接する四角形 ABCD において，AB=4，BC=$3\sqrt{2}$，CD=2，∠B=45° とする。次のものを求めよ。
(1)　AC の長さ　　　(2)　AD の長さ　　　(3)　四角形 ABCD の面積

☐ *353 円に内接する四角形 ABCD において，AB=2，BC=2，CD=3，DA=4 とする。次のものを求めよ。
(1)　AC の長さ　　　　　　　　　　(2)　四角形 ABCD の面積
(3)　2 つの対角線 AC と BD の交点を E とするとき　BE：ED

35　空間図形への応用

1 空間図形と三角比

① 平面上の図形に分解して，三角形の問題に帰着させる。

② **角錐の体積** 底面積S，高さhの角錐の体積Vは　$V=\dfrac{1}{3}Sh$

☐ **354** 四面体 ABCD において，DA＝4，DB＝8，DC＝12，
∠ADB＝∠ADC＝∠BDC＝90° であるとき，次のもの
を求めよ。

(1)　四面体 ABCD の体積V

(2)　△ABC の面積S

(3)　頂点Dから平面 ABC へ下ろした垂線の長さd

☐*355 右の図のような AB＝$\sqrt{2}$，AD＝1，AE＝$\sqrt{3}$ である
直方体 ABCD-EFGH がある。∠DEB＝θ として，次
のものを求めよ。

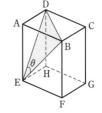

(1)　四面体 ABDE の体積

(2)　△BDE の面積

(3)　頂点Aから平面 BDE へ下ろした垂線の長さ

☐*356 PA＝PB＝PC＝3，AB＝2，BC＝3，CA＝$\sqrt{7}$ である三角錐 PABC
がある。頂点Pから底面 ABC へ下ろした垂線と底面 ABC との交点をHと
する。次のものを求めよ。

(1)　AH の長さ　　　　(2)　PH の長さ

(3)　△ABC の面積　　(4)　三角錐 PABC の体積

☐*357 高さ 50 m の塔が立っている地点Hと同じ標高の地点A
から，塔の先端Pを見たところ，仰角が30° であった。
また，Hと同じ標高の地点BからPを見たところ，仰角
が45° で，∠BHA＝30° であった。2 地点 A，B 間の距
離を求めよ。

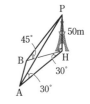

☐ **358** 水平面上にある 2 点 A，B は 600 m 離れている。Aから山頂Cを見た仰角
が30°，∠BAC＝75°，∠ABC＝45° であるとき，山の高さ CH を求めよ。

ヒント 354 (3)　四面体 ABCD の体積を $V=\dfrac{1}{3}$△BCD・AD，$V=\dfrac{1}{3}$△ABC・d と 2 通りに表す。

第4章 図形と計量

■ 内接球の半径

例題 **46**

1辺の長さが6の正方形を底面とする高さ4の正四角錐 A-BCDE がある。次のものを求めよ。

(1) 正四角錐の体積 V

(2) △ABC の面積 S

(3) 正四角錐に内接する球の半径 r

指針 **内接球の半径** 正四角錐の体積 V を2通りに表す。

$$V = \frac{1}{3} \times (\text{正方形 BCDE}) \times (\text{高さ } 4)$$

$$V = (\text{四角錐 O-BCDE}) + (\text{三角錐 OABC}) \times 4 \quad (\text{Oは球の中心})$$

解答

(1) $V = \dfrac{1}{3} \times (\text{正方形 BCDE}) \times (\text{高さ})$

$= \dfrac{1}{3} \cdot 6^2 \cdot 4 = \mathbf{48}$ …… ① **答**

(2) 点Aから底面 BCDE に下ろした垂線を AH,

BC の中点をMとすると，AH=4，HM=3 から

$$AM = \sqrt{4^2 + 3^2} = 5$$

よって $S = \dfrac{1}{2} \cdot 6 \cdot 5 = \mathbf{15}$ **答**

(3) 内接する球の中心をOとすると

$$V = (\text{四角錐 O-BCDE}) + (\text{三角錐 OABC}) \times 4$$

ゆえに $V = \dfrac{1}{3} \cdot 6^2 \cdot r + \dfrac{1}{3} \cdot 15 \cdot r \times 4 = 32r$ …… ②

①，② から $48 = 32r$ よって $r = \dfrac{3}{2}$ **答**

別解 3点 A, H, M を通る平面による断面(右の図)により

△AOP∽△AMH から $(4-r) : r = 5 : 3$

■■■ B ■■■

☐ **359** AB=1，AD=2，AE=3 である直方体 ABCD-EFGH がある。次のものを求めよ。

(1) △AFC，△BAF，△BFC，△BAC の面積

(2) 四面体 BAFC の体積

(3) 四面体 BAFC に内接する球の半径

☐*360 PA=PB=PC=2，AB=$2\sqrt{2}$，BC=2，CA=$2\sqrt{3}$ である三角錐 PABC がある。次のものを求めよ。

(1) 三角錐 PABC の体積

(2) 三角錐 PABC に内接する球の半径

36　第4章　演習問題

■ 角の二等分線

例題 47

△ABC において，$A=60°$，$b=8$，$c=4$ とし，角Aの二等分線と辺BCの交点をDとする。

(1)　BD：DC を求めよ。　　　(2)　線分 AD の長さを求めよ。

指針 **角の二等分線の性質**　面積を利用するとよい。

(1)　BD：DC＝△ABD：△ADC に着目。

なお，図形の性質からも一般に AB：AC＝BD：DC が成り立つ。

(2)　△ABC＝△ABD＋△ADC に着目。

解答

$\triangle ABD=\dfrac{1}{2}\cdot 4\cdot AD\sin 30°=AD$，$\triangle ADC=\dfrac{1}{2}\cdot AD\cdot 8\sin 30°=2AD$

$\triangle ABC=\dfrac{1}{2}\cdot 4\cdot 8\sin 60°=8\sqrt{3}$

(1)　BD：DC＝△ABD：△ADC

　　　　＝AD：2AD

　　　　＝1：2　**答**

(2)　△ABC＝△ABD＋△ADC から

　　　$8\sqrt{3}=AD+2AD$

　　よって　　$AD=\dfrac{8\sqrt{3}}{3}$　**答**

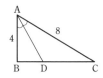

B

☐ **361**　$b=4$，$c=7$，$A=90°$ である直角三角形 ABC がある。角Aの二等分線が底辺BCと交わる点をDとする。AD の長さを求めよ。

☐ **362**　△ABC において，$a=5$，$b=6$，$c=4$ とし，角Aの二等分線と辺BCの交点をD，辺BCの中点をMとする。線分 AD，AM の長さを求めよ。

☐ **363**　1辺の長さが12の正四面体 OABC がある。辺 OA，OB，OC 上に，それぞれ点P，Q，R を OP＝6，OQ＝8，OR＝4 となるようにとる。

(1)　△PQR の面積を求めよ。

(2)　四面体 OPQR に内接する球の半径を求めよ。

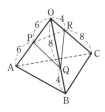

第4章　図形と計量

■ sin18° の値

例題 48 二等辺三角形 ABC の頂角 A の大きさを 36°，底角 B の二等分線が辺 AC と交わる点を D とし，BC=2 とする。これを利用して，sin18° の値を求めよ。

指針 図で，∠BAE=18°，BE=1 であるから，AB がわかると，sin18° の値が求められる。△BCD∽△ABC を利用する。

解答 △ABC において，∠A=36°，∠B=∠C であるから

$$\angle B=\angle C=\frac{180°-36°}{2}=72°$$

ゆえに，△BCD において

$$\angle DBC=\frac{72°}{2}=36°, \quad \angle C=72°$$

よって，2組の角がそれぞれ等しいから

$$\triangle BCD \backsim \triangle ABC$$

ゆえに   BC : AB=CD : BC …… ①

また   DA=DB=CB=2

よって，AB=x とおくと，CD=AC−AD=x−2 であるから，① より

$$2:x=(x-2):2 \qquad \text{すなわち} \qquad 4=x(x-2)$$

ゆえに $x^2-2x-4=0$ $x>0$ であるから $x=1+\sqrt{5}$

A から辺 BC に垂線 AE を下ろすと，∠BAE=18° であるから

$$\sin 18°=\frac{BE}{AB}=\frac{1}{x}=\frac{1}{\sqrt{5}+1}$$

$$=\frac{\sqrt{5}-1}{(\sqrt{5}+1)(\sqrt{5}-1)}=\frac{\sqrt{5}-1}{4} \quad \text{答}$$

■■■■ 発展 ■■■■

☐ **364** 例題 48 の図を利用して，cos36° の値を求めよ。

☐ **365** 1辺の長さが1の正五角形 ABCDE において，AC と BE の交点を F とすると，△ABF∽△ACB である。このことを利用して，次のものを求めよ。
   (1) 対角線 AC の長さ   (2) cos72° の値

☐ **366** $0°\leqq\theta\leqq180°$ のとき，次の等式を満たす θ を求めよ。
   (1) $4\sin^2\theta-4\cos\theta-1=0$ (2) $3(1-\sin\theta)=2\cos^2\theta$

☐ **367** $0°\leqq\theta\leqq180°$ とする。次の不等式を満たす θ の値の範囲を求めよ。
   (1) $2\sin^2\theta+\sqrt{2}\sin\theta-2>0$ (2) $2\cos^2\theta+3\sqrt{3}\cos\theta+3\leqq0$

ヒント 365 (2) 点 C から BF に垂線 CM を下ろし，72° の角をもつ直角三角形を作る。

最短経路

例題 **49**

底面の半径が 2，母線の長さが 6 の直円錐がある。右の図のように頂点を A，底面の円の直径を BC，AC の中点を D とする。B から直円錐の側面を通って D に至る最短距離を求めよ。

指針　**空間図形の最短経路**　展開図で考える。

解答　直円錐の側面を母線 AB から切り開いてできる扇形 ABB′において，線分 BD の長さが求めるものである。

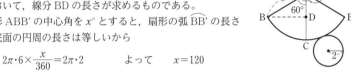

扇形 ABB′ の中心角を $x°$ とすると，扇形の弧 $\overgroup{\text{BB}'}$ の長さと底面の円周の長さは等しいから

$$2\pi \cdot 6 \times \frac{x}{360} = 2\pi \cdot 2 \qquad \text{よって} \qquad x = 120$$

$\angle \text{BAB}' = 120°$ であるから　　$\angle \text{BAD} = 60°$

△ABD に余弦定理を適用して

$$\text{BD}^2 = \text{AB}^2 + \text{AD}^2 - 2\text{AB} \cdot \text{AD} \cos 60° = 6^2 + 3^2 - 2 \cdot 6 \cdot 3 \cdot \frac{1}{2} = 27$$

BD>0 であるから　　$\text{BD} = \sqrt{27} = 3\sqrt{3}$　**答**

別解　△ABD は 3 辺の比が $1:2:\sqrt{3}$ の直角三角形であるから

$$\text{BD} = 3\sqrt{3}　\text{答}$$

▓▓▓ 発展 ▓▓▓

☐ **368** $0° \leqq \theta \leqq 180°$ のとき，$f(\theta) = 4\sin^2\theta - 4\cos\theta - 1$ について
　(1)　$f(\theta) = 0$ を満たす θ を求めよ。
　(2)　$y = f(\theta)$ の最大値，最小値を求めよ。

☐ **369** $0° \leqq \theta \leqq 180°$ とする。x についての 2 次方程式 $8x^2 - 8(\cos\theta)x + 1 = 0$ が異なる 2 つの実数解をもつように，θ の値の範囲を定めよ。

☐ **370** 四面体 PABC において，$\text{PA} = \text{PB} = \text{PC} = 3\sqrt{2}$，$\text{AB} = \text{BC} = \text{CA} = 6$ とし，AB 上に点 Q，BC 上に点 R をとる。PQ+QR+RP が最小となるとき，その最小値を求めよ。

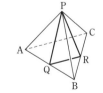

☐ **371** 底面の半径が 1，高さが $2\sqrt{2}$ の直円錐がある。右の図のように頂点を P，底面の直径を AB とする。点 A から直円錐の側面を通り，1 周回って点 A に戻るときの最短距離を求めよ。

第5章　データの分析

37　データの整理，データの代表値

1 データの代表値

① **平均値** $\bar{x}$　変量 x についてのデータが n 個の値 $x_1,\ x_2,\ \cdots,\ x_n$ であるとき，それらの総和を n で割ったもの。

$$\bar{x} = \frac{1}{n}(x_1 + x_2 + \cdots\cdots + x_n)$$

② **中央値**　データを値の大きさの順に並べたとき，中央の位置にくる値。
（**メジアン**）　データの大きさが偶数のときは中央に 2 つの値が並ぶが，その場合は 2 つの値の平均値とする。

③ **最頻値**　データにおいて，最も個数の多い値。データが度数分布表に整理さ
（**モード**）　れているときは，度数が最も大きい階級の階級値。

▌▌A▐▐

☐ *372　次のデータは，H市のある月の日ごとの最低気温である。

7.1	10.7	8.9	7.5	11.0	12.6	17.0	18.6	16.5	13.9
10.1	12.6	14.1	17.6	14.0	11.7	16.9	16.3	13.7	13.5
12.2	13.3	11.4	12.5	12.2	4.9	5.0	8.6	5.6	4.4 (単位は °C)

(1)　階級の幅を 2 °C として，度数分布表を作れ。ただし，階級は 4 °C から区切り始めるものとする。

(2)　(1)で作った度数分布表からヒストグラムを作れ。

☐ *373　次のデータは，ある高校生 20 人の小テストの得点である。

　　　　3　4　9　7　6　10　5　5　5　9

　　　　6　8　1　5　7　10　8　6　3　7　（単位は点）

(1)　平均値を求めよ。　　　　　(2)　中央値を求めよ。

(3)　最頻値を求めよ。

☐ **Aの まとめ**　374　右のヒストグラムは，ある喫茶店を利用した 30 組について，各組の人数を調べた結果である。

(1)　平均値を求めよ。

(2)　最頻値を求めよ。

(3)　中央値を求めよ。

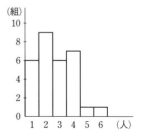

■ 度数分布表と平均値

例題 50

右の表は，ある店における商品Aの1日あたりの販売個数を30日間調べたデータを，度数分布表にまとめたものである。
販売個数の平均値として考えられるもののうち，最小のものを求めよ。

販売個数の階級 (個)	度数
10 以上 14 以下	1
15 ～ 19	5
20 ～ 24	13
25 ～ 29	9
30 ～ 34	2
計	30

指針 各階級に属する個数の最小値を考える。

解答 販売個数の平均値が最小となるのは，データの各値が階級内の最小の値となるときであるから

$$\frac{1}{30}(10\times1+15\times5+20\times13+25\times9+30\times2)=\frac{630}{30}=21$$ **答 21個**

☐ *375 次のデータは，ある商店の 10 日間の弁当の販売数である。

72　70　77　65　86　63　65　59　79　a （単位は個）

このデータの平均値が 72 個であるとき，a の値を求めよ。
また，このときのデータの中央値を求めよ。

☐ *376 例題 50 の度数分布表について，販売個数の平均値として考えられるもののうち，最大のものを求めよ。

☐ *377 次のデータは，ある生徒 10 人の数学のテストの得点である。ただし，a の値は 0 以上の整数である。

60　74　66　62　82　38　45　41　67　a （単位は点）

a の値がわからないとき，このデータの中央値として何通りの値が考えられるか答えよ。

☐ 378 次のデータは，5 回の委員会の出席者の人数である。

24　26　30　23　29 （単位は人）

(1) 中央値と平均値を求めよ。

(2) 上記の 5 個の数値のうち 1 個が誤りであることがわかった。正しい数値に基づく中央値と平均値は，それぞれ 24 人と 26 人であるという。誤っている数値を選び，正しい数値を求めよ。

38 データの散らばりと四分位範囲

1 四分位数

① **範囲** データの最大値と最小値の差

② **四分位数** データを値の大きさの順に並べたとき，4等分する位置にくる値。小さい方から **第1四分位数**，**第2四分位数**（中央値），**第3四分位数** といい，これらを順に Q_1，Q_2，Q_3 で表す。

③ **四分位範囲** $Q_3 - Q_1$

2 箱ひげ図

データの最小値，第1四分位数 Q_1，中央値 Q_2，第3四分位数 Q_3，最大値を，箱と線（ひげ）で表現する図。箱ひげ図に平均値を記入することもある。

他の値から極端にかけ離れた値を **外れ値** という。四分位範囲を利用した外れ値の基準として，次のものがある。

$\{Q_1 - 1.5 \times (Q_3 - Q_1)\}$ 以下の値，$\{Q_3 + 1.5 \times (Q_3 - Q_1)\}$ 以上の値

最小値 Q_1 Q_2 Q_3 最大値
（中央値）

A

▢*379 次のデータ A，B の範囲を求め，データの散らばりの度合いを比較せよ。

A　9　12　10　11　8　13　7　12

B　9　15　6　12　21　12　18　12

▢ 380 次のデータの第1四分位数，第2四分位数，第3四分位数を求めよ。

(1) 10　14　15　21　28　39　53　76　99

*(2) 12　35　47　59　68　73　74　79　87　97

▢*381 次のデータは，ある商店におけるA弁当とB弁当の10日間の販売数である。

A弁当　22　28　16　25　33　27　17　21　23　40

B弁当　18　24　40　20　17　15　28　35　32　16　（単位は個）

A弁当とB弁当のデータの箱ひげ図を並べてかけ。また，それぞれのデータの最大値は外れ値であるかどうかを，四分位範囲を利用して調べよ。

▢ ■■Aの まとめ 382 次のデータは，ある年のA市，B市の月ごとの降水日数である。

A市　2　13　14　13　11　18　13　5　10　14　5　7

B市　5　9　15　13　7　14　12　7　10　13　4　8　（単位は日）

(1) これらのデータの箱ひげ図を並べてかけ。

(2) データの散らばりの度合いが大きいといえるのは，A市，B市のどちらか。(1)で得られた箱ひげ図を利用して比較せよ。

(3) それぞれのデータの最小値は外れ値であるかどうかを，四分位範囲を利用して調べよ。

■ 箱ひげ図からデータの読み取り

例題 **51**	右の図は，50日間にわたるA店，B店，C店の1日の来客数を，箱ひげ図に表したものである。 (1) 来客数が140人未満の日が25日以上あったのはどの店か。 (2) 来客数が160人以上の日が13日以上あったのはどの店か。

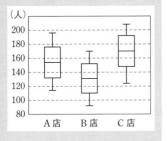
(人)

指針 (1)は中央値，(2)は第3四分位数に着目。

解答 (1) 中央値が140人未満であるものは，B店だけである。
　　　　　よって **B店** 答
　　　(2) 第3四分位数が160人以上であるものは，A店とC店である。
　　　　　よって **A店とC店** 答

■■■ B ■■■

383 右の図は，ある高校の1年生50人に行った英語，国語，数学のテストの得点を，箱ひげ図に表したものである。
(1) 得点の散らばりが最も大きいといえるのは，どの教科か。四分位範囲によって比較せよ。
(2) 80点以上の生徒が13人以上いるのは，どの教科か。
(3) 国語において，60点以下の生徒は最大で何人いる可能性があるか。また，最小で何人いる可能性があるか。
(4) 得点のデータに外れ値があるのは，どの教科か。

384 下の図 [1] は，40人の生徒の漢字テストの得点をヒストグラムにしたものである。ただし，各階級は5点以上10点未満のように区切っている。このデータを箱ひげ図にまとめたとき，ヒストグラムと矛盾するものを，下の図 [2] の ① ～ ④ からすべて選べ。

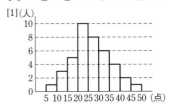

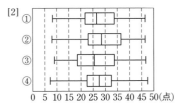

39 分散と標準偏差

1 分散，標準偏差

① **偏差** データの各値 x から平均値 $\bar{x}$ を引いた差 $x-\bar{x}$

② **分散** 偏差の2乗の平均値

$$s^2=\frac{1}{n}\{(x_1-\bar{x})^2+(x_2-\bar{x})^2+\cdots\cdots+(x_n-\bar{x})^2\}$$

（xのデータの分散）=（x^2 のデータの平均値）−（xのデータの平均値）^{2}

③ **標準偏差** 分散の負でない平方根

$$s=\sqrt{\frac{1}{n}\{(x_1-\bar{x})^2+(x_2-\bar{x})^2+\cdots\cdots+(x_n-\bar{x})^2\}}$$

2 変量の変換

a，b は定数とする。変量 x のデータから $y=ax+b$ によって新しい変量 y のデータが得られるとき，x，y のデータの平均値を $\bar{x}$，$\bar{y}$，分散を $s_x{}^2$，$s_y{}^2$，標準偏差を s_x，s_y とすると　　$\bar{y}=a\bar{x}+b$，$s_y{}^2=a^2s_x{}^2$，$s_y=|a|s_x$

☑*385 次のデータは，5人の生徒の通学にかかる時間 x（分）である。

　　　　25　15　35　20　30　（単位は分）

(1) このデータの平均値 $\bar{x}$ を求めよ。

(2) 偏差の2乗の平均値を求めることにより，分散 s^2 を求めよ。

(3) 標準偏差 s を求めよ。ただし，小数第2位を四捨五入せよ。

☑ 386 次のデータは，8人の生徒がある期間に読んだ本の冊数 x（冊）である。

　　　　8　1　7　2　9　3　1　5　（単位は冊）

(1) このデータの平均値 $\bar{x}$ を求めよ。

(2) このデータの各値の2乗の平均値 $\overline{x^2}$ を求めよ。

(3) このデータの分散 s^2，標準偏差 s を求めよ。

☑ ■Aの■ 387 次のデータは，5人の生徒の小テストの得点 x（点）である。
　　まとめ
　　　　　50　70　90　80　50　（単位は点）

(1) 偏差の2乗の平均値を求めることにより，分散 s^2 を求めよ。

(2) 各値の2乗の平均値 $\overline{x^2}$ を求めることにより，分散 s^2 を求めよ。

(3) 標準偏差 s を求めよ。

■■データの平均値，分散

例題 52

15 個の値からなるデータがある。そのうちの 10 個の値の平均値は 9，分散は 3 であり，残りの 5 個の値の平均値は 6，分散は 9 である。
(1)　このデータの平均値を求めよ。
(2)　このデータの分散を求めよ。

■指針■ 平均値 $=\dfrac{データの総和}{データの大きさ}$ ，分散 $=(x^2 \text{ の平均値})-(x \text{ の平均値})^2$　を利用。

解答
(1)　$\dfrac{9\times10+6\times5}{15}=8$　**答**

(2)　10 個の値の 2 乗の平均値を a とすると　　$a-9^2=3$
　　よって　　$a=84$
　　残りの 5 個の値の 2 乗の平均値を b とすると　　$b-6^2=9$
　　よって　　$b=45$
　　ゆえに，15 個の値の 2 乗の平均値は　　$\dfrac{84\times10+45\times5}{15}=\dfrac{1065}{15}=71$
　　したがって，15 個の値の分散は　　$71-8^2=7$　**答**

388　5 個の値 1，5，a，13，19 からなるデータの平均値が $a+2$ であるとき，このデータの分散を求めよ。

*****389**　20 個の値からなるデータがある。そのうちの 8 個の値の平均値は 3，分散は 4，残りの 12 個の値の平均値は 8，分散は 9 である。
(1)　このデータの平均値を求めよ。
(2)　このデータの分散を求めよ。

390　変量 x のデータの平均値 $\bar{x}$ が 25，分散 $s_x{}^2$ が 36 であるとする。このとき，次の式によって得られる新しい変量 y のデータについて，平均値 $\bar{y}$，分散 $s_y{}^2$，標準偏差 s_y を求めよ。
(1)　$y=x+2$　　　　　(2)　$y=3x$　　　　　*(3)　$y=-2x+5$

*****391**　変量 x のデータが次のように与えられている。
　　　　　672　693　644　665　630　644
いま，$c=7$，$x_0=644$，$u=\dfrac{x-x_0}{c}$ として新たな変量 u を作る。
(1)　変量 u のデータの平均値 $\bar{u}$ と標準偏差 s_u を求めよ。
(2)　変量 x のデータの平均値 $\bar{x}$ と標準偏差 s_x を求めよ。

40 2つの変量の間の関係

1 相関関係

2つの変量のデータにおいて，一方が増えると他方も増える傾向が認められるとき，2つの変量の間に **正の相関関係** があるという。逆に，一方が増えると他方が減る傾向が認められるとき，2つの変量の間に **負の相関関係** があるという。どちらの傾向も認められないときは，**相関関係がない** という。

2 共分散，相関係数

① **共 分 散** xの偏差とyの偏差の積 $(x_k-\overline{x})(y_k-\overline{y})$ の平均値

$$s_{xy}=\frac{1}{n}\{(x_1-\overline{x})(y_1-\overline{y})+(x_2-\overline{x})(y_2-\overline{y})+\cdots\cdots+(x_n-\overline{x})(y_n-\overline{y})\}$$

② **相関係数** $r=\dfrac{s_{xy}}{(x\text{の標準偏差})(y\text{の標準偏差})}$ $(-1\leqq r\leqq 1)$

正の相関関係があるとき $r>0$，負の相関関係があるとき $r<0$

注意 相関係数は，外れ値の影響を受けやすい値である。

注意 一般に，2つの変量の間に相関関係があるからといって，必ずしも因果関係があるとはいえない。

3 質的データをとる2つの変量の間の関係

例えば，合否が判定されるある試験において，受験者100人全員を対象に，教材Aを使用して学習したかを調べるというように，2つの変量（合否，使用したかどうか）の間の関係を調べて，右の図のようにまとめたとき，この表を **分割表** またはクロス集計表という。

	合	否	計
Aの使用：有	9	5	14
Aの使用：無	42	44	86
計	51	49	100

A

☑*392 下の表は，10人の生徒に漢字と英単語のテストを行った得点の結果である。

生徒の番号	1	2	3	4	5	6	7	8	9	10
漢字	4	8	7	5	6	3	9	8	6	4
英単語	5	9	3	6	2	7	9	4	8	7

この2つのテストの散布図を，次の ①～③ から選べ。

①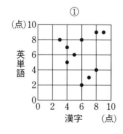

②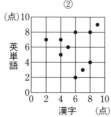

③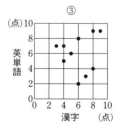

393 次のような2つの変量 x, y についてのデータがある。これらについて，散布図をかき，x と y の間に相関関係があるかどうかを調べよ。また，相関関係がある場合には，正，負のどちらであるかをいえ。

(1)

x	43	39	51	27	65	24	62	33	56	48
y	59	62	84	53	76	48	83	47	65	72

*(2)

x	78	63	86	54	92	57	95	69	81	73
y	32	29	4	48	2	37	13	41	26	15

394 ある野球チームの選手20人の身長 x (cm)，体重 y (kg) のデータをとったところ，x の標準偏差が5.05，y の標準偏差が4.26，x と y の共分散が13.77であった。x と y の相関係数を求めよ。ただし，小数第3位を四捨五入せよ。

*395 右の①，②，③はある2つの変量 x, y のデータについての散布図である。データ①，②，③の x と y の相関係数は，0.88，0.03，-0.72 のいずれかである。各データの相関係数を答えよ。

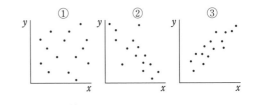

396 右の表は，合否が判定されるある試験において，受験者100人全員を対象に，教材Aおよび教材Bを使用して学習したかを調べてまとめたものである。

		合	否
A：有	B：有	30	10
A：有	B：無	18	2
A：無	B：有	12	8
A：無	B：無	4	16

(1) 教材Aを使用した者，使用していない者のそれぞれにおいて，合格者，不合格者の占める割合を計算して，表にまとめよ。

(2) (1)で得られたデータから，教材A，Bのどちらの方が，この試験の合否により影響を及ぼしていると予想できるか判断せよ。

Aのまとめ 397 ある2つの変量 x, y のデータについて，x の標準偏差は2.29，y の標準偏差は4.03，x と y の共分散は7.38である。これらの数値を用いて，x と y の相関係数を計算せよ。ただし，小数第3位を四捨五入せよ。

■ データの相関

例題 53

右のような変量 x, y のデータがある。

x	32	36	39	29	43	37
y	74	78	72	82	68	76

(1) x と y の相関係数を
$$-0.84,\ 0.75,\ -0.07$$
の中から選べ。

(2) 左から3番目の y の値が86に変わると，x と y の相関係数の絶対値は大きくなるか，それとも小さくなるか。

指針 散布図をかいて考える。

解答 (1) 散布図をかくと右の図のようになり，x が増加すると y が減少する傾向にあって，相関係数は -1 に近いことがわかる。
よって　**-0.84** 答

(2) y の値が72から86に変わると，散布図は右下がりの直線から遠ざかるように変わる。
よって，相関係数の絶対値は
小さくなる 答

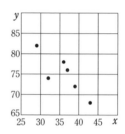

☑*398 次の表は，10人の生徒の右手の握力と左手の握力を測定した結果である。右手の握力と左手の握力の間には，どのような相関関係があると考えられるか。相関係数 r を計算して答えよ。ただし，小数第3位を四捨五入せよ。

生徒の番号	1	2	3	4	5	6	7	8	9	10
右手の握力（kg）	36	42	35	33	38	32	39	40	34	41
左手の握力（kg）	27	39	35	25	41	23	43	31	29	37

☑*399 右のような変量 x, y のデータがある。

x	80	70	62	72	90	78
y	58	72	83	71	52	78

(1) これらのデータについて，
$$0.72,\ -0.19,\ -0.86$$
のうち，x と y の相関係数に最も近いものはどれか。

(2) 表の右端のデータの y の値を68に変更すると，x と y の相関係数の絶対値は大きくなるか，それとも小さくなるか。

41　仮説検定の考え方

1　仮説検定の考え方

仮説検定の考え方を利用して，主張Aが正しいと判断できるか調べる。

① 主張Aと反する仮定を立てる。(主張Bとする)
② 主張Bのもとで，実際に起こった出来事が起こりにくい出来事かどうかを調べる。
③ ②で調べた結果，実際に起こった出来事は十分起こりにくいと判断するとき，主張Bの仮定は正しくないと判断できる。
④ 主張Aは正しいと判断してもよいと考えられる。

注意　③で，実際に起こった出来事が十分起こりにくいと判断しないときは，主張Bの仮定は否定できず，主張Aは正しいと判断できない。このとき，主張Bが正しいと判断できるわけではない。

■■A■■

☑*400　ある市の市長選挙に X，Y の 2 人が立候補した。有権者の中から無作為に 30 人を選んで X，Y のどちらを支持しているかを調査したところ 21 人がX を支持していることがわかった。この調査から，Xの方が支持者が多いと判断してよいか。仮説検定の考え方を用い，基準となる確率を 0.05 として考察せよ。ただし，公正なコインを 30 回投げて表の出た回数を記録する実験を 200 セット行ったところ次の表のようになったとし，この結果を用いよ。

表の回数	8	9	10	11	12	13	14	15
度数	1	2	2	12	20	23	24	34

16	17	18	19	20	21	22	23	計
25	18	17	9	7	4	1	1	200

☑ ■Aの■ まとめ　401　あるさいころを 30 回投げたところ 6 の目が 1 回しか出なかった。このさいころは 6 の目が出にくいと判断してよいか。仮説検定の考え方を用い，基準となる確率を 0.05 として考察せよ。ただし，公正なさいころを 30 回投げて 6 の目が出た回数を記録する実験を 500 セット行ったところ次の表のようになったとし，この結果を用いよ。

6の目が出た回数	0	1	2	3	4	5	6	7	8	9
度数	3	10	48	54	91	115	81	39	35	12

10	11	12	計
7	2	3	500

■■ 仮説検定の考え方

例題 54

ある病気Xについて，従来の薬Aが有効である確率は $\dfrac{2}{3}$ である。病気Xの患者30人に対してAを改良した新たな薬Bを投与した結果，24人に有効であった。この結果から，2つの薬のうちBの方が有効であると判断してよいか。仮説検定の考え方を用い，基準となる確率を0.05として考察せよ。ただし，公正なさいころを30個投げて4以下の目が出た個数を記録する実験を500回行ったところ，次の表のようになったとし，この結果を用いよ。

個数	13	14	15	16	17	18	19	20	21	22	23	24	25	26	計
度数	4	9	13	26	33	55	62	70	81	61	42	27	11	6	500

指針　**仮説検定の考え方**　正しいかどうか判断したい主張に反する仮定を立てて検証。

解答　[1]　Bの方が有効である　と判断してよいかを考察するため，次の仮定を立てる。
[2]　薬の効果は変わっていない
さいころを投げた実験結果を利用すると，24回以上4以下の目が出る場合の相対度数は
$$\frac{27+11+6}{500}=\frac{44}{500}=0.088$$
これは0.05より大きいから，[2] は否定できない。
よって，**Bの方が有効であるとは判断できない**。**答**

B

□*402　以前，ある芸能人を知っているか街頭で大規模なアンケートをとったところ，全体の $\dfrac{1}{8}$ の人が知っていると答えた。その1年後，再び同じ芸能人について，100人にアンケートをとったところ19人が知っていると答えた。このとき，この芸能人の知名度は上がったと判断してよいか。仮説検定の考え方を用い，次の(1)，(2)の場合において考察せよ。ただし，公正な8面さいころを100回投げて1の目が出た回数を記録する実験を800セット行ったところ，次の表のようになったとし，この結果を用いよ。

1の目が出た回数	4	5	6	7	8	9	10	11	12	13	14	15
度数	2	9	8	24	32	65	71	83	107	94	88	69

16	17	18	19	20	21	22	23	計
54	42	25	11	7	5	3	1	800

(1)　基準となる確率 0.05　　　　(2)　基準となる確率 0.01

42 第5章 演習問題

☑ **403** 右の表は，10 人の生徒について行った数学と英語のテストの得点のデータを，度数分布表にまとめたものである。また，下の表は，10 人の生徒それぞれについて，テストの得点のデータをまとめたものである。ただし，$a<b$, $c<d$ とする。

階級（点）	数学（人）	英語（人）
30 以上 39 以下	0	2
40 ～ 49	3	3
50 ～ 59	4	3
60 ～ 69	3	2
計	10	10

生徒の番号	1	2	3	4	5	6	7	8	9	10	平均値
数学（点）	41	a	61	57	63	43	b	59	54	50	54
英語（点）	39	47	35	c	67	d	53	65	55	48	51

(1) 数学の得点のデータの範囲が 25 点であるとき，a, b の値を求めよ。

(2) 英語の得点のデータの中央値を求めよ。

☑ **404** 10 人の生徒について行った 50 点満点の漢字の「読み」と「書き取り」のテストの得点を，それぞれ変量 x，変量 y とする。右の図は，変量 x と変量 y の散布図である。10 人の変量 x のデータは，次の通りであった。

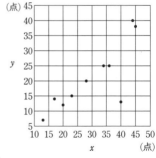

13 17 20 23 28
34 36 40 44 45 （単位は点）

(1) 変量 x のデータの平均値と中央値を求めよ。

(2) 変量 x の値が 40 点，変量 y の値が 13 点となっている生徒の変量 y の値は誤りであることがわかり，正しい値である 32 点に修正した。修正前，修正後の変量 y のデータの中央値をそれぞれ求めよ。

(3) (2)のとき，修正前の x と y の相関係数を r_1，修正後の x と y の相関係数を r_2 とする。値の組 (r_1, r_2) として正しいものを，次の ①〜④ から選べ。

① $(0.82, 0.98)$ ② $(0.98, 0.82)$

③ $(-0.82, -0.98)$ ④ $(-0.98, -0.82)$

405 次のデータは，ある地域の6日間の降雨量を記録したものである。

14　11　10　18　16　9　（単位は mm）

(1) このデータの平均値を求めよ。

(2) このデータには記録ミスがあり，18 mm は正しくは 17 mm，9 mm は正しくは 10 mm であった。この誤りを修正したときのデータの平均値，分散は，修正前から増加する，減少する，変化しないのいずれであるかを答えよ。

406 次のデータは，A地点，B地点のある時間帯における歩行者の交通量を10日間にわたって調べたものである。

A地点　53　62　80　134　40　70　71　58　49　55

B地点　62　75　90　77　52　80　88　69　57　65　（単位は人）

(1) このデータの箱ひげ図を並べてかき，A地点，B地点のデータの分布を比較せよ。ただし，外れ値がある場合は，それがわかるように箱ひげ図をかけ。

(2) A地点のデータについて，すべてのデータの平均値を M，外れ値を除いたデータの平均値を M' とするとき，M と M' の大小関係を不等号を用いて表せ。

407 次の図は，50人の生徒について行った数学と理科のテストの得点のデータを取り，散布図と箱ひげ図にしたものである。これらの図から読み取れる内容として正しいものを，下の ①〜⑦ から3つ選べ。

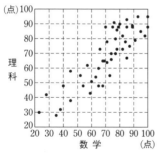
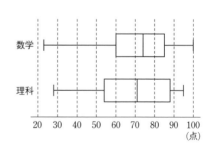

① 範囲，四分位範囲ともに，理科より数学の方が大きい。

② 数学が50点未満である生徒は，全員理科が60点未満である。

③ 理科が60点未満である生徒は，全員数学が70点未満である。

④ 数学の得点が最も低い生徒は，理科の得点も最も低い。

⑤ 第3四分位数は，数学より理科の方が大きい。

⑥ 数学と理科の間には，相関関係が認められない。

⑦ 数学が90点以上で，かつ理科が90点以上の生徒は2人以上いる。

■ 仮説検定と反復試行の確率

例題 55

(1) 　1個の公正な8面さいころを4回投げるとき，すべて1の目が出る確率，1の目がちょうど3回出る確率を，反復試行の確率を用いて求めよ。

(2) 　1個の8面さいころを4回投げたところ，1の目がちょうど3回出た。この8面さいころは1の目が出やすいと判断してよいか。仮説検定の考え方を用い，基準となる確率を0.05として考察せよ。

指針 **反復試行の確率**　事象Aの起こる確率がpの試行をn回繰り返し行うとき，事象Aがちょうどr回起こる確率は　　${}_nC_r p^r (1-p)^{n-r}$

数学Aの「場合の数と確率」を学習している場合は，確率を用いて，仮説検定の考え方を利用することができる。

補足　${}_nC_r$ は異なるn個のものからr個を取り出して作る組合せの総数を表す。

解答　(1)　すべて1の目が出る確率は　　$\left(\dfrac{1}{8}\right)^4 = \dfrac{1}{4096}$　**答**

1の目がちょうど3回出る確率は

$${}_4C_3\left(\dfrac{1}{8}\right)^3\left(1-\dfrac{1}{8}\right)^{4-3} = {}_4C_3\left(\dfrac{1}{8}\right)^3\left(\dfrac{7}{8}\right)^1 = \dfrac{7}{1024}$$　**答**

(2)　[1]　1の目が出やすい

と判断してよいかを考察するため，次の仮定を立てる。

[2]　どの目も全くの偶然で出る

(1)より，1個の8面さいころを4回投げて1の目が3回以上出る確率は

$$\dfrac{1}{4096} + \dfrac{7}{1024} = \dfrac{29}{4096} = 0.007\cdots\cdots$$

これは，基準となる確率0.05より小さいから，[2]の仮定が正しくなかったと考えられる。

よって，[1]の主張は正しい，つまり **1の目が出やすいと判断してよい。答**

第5章　データの分析

408 3つの正の数a, b, cの平均値が8，分散が10であるとき，$a^2+b^2+c^2$，$ab+bc+ca$の値をそれぞれ求めよ。

409 (1)　1枚の公正なコインを10回投げるとき，すべて表が出る確率，表がちょうど9回出る確率を，反復試行の確率の公式（例題55参照）を用いて求めよ。

(2)　1枚のコインを10回投げたところ，表が9回出た。このコインは表が出やすいと判断してよいか。仮説検定の考え方を用い，基準となる確率を0.05として考察せよ。ただし，(1)の結果を用いよ。

総合問題

ここでは，思考力・判断力・表現力の育成に特に役立つ問題をまとめて掲載しました。

☑ **1** ある地区で 6 人の議員を選出する選挙が行われた。立候補者は 9 人，有権者数は 100 万人であった。期日前投票の実施が功を奏し，投票率は 70 % であった。開票作業は滞りなく進み，開票率 60 % の時点で得票数の速報値が発表された。その時点での自分の得票数だけを聞いた立候補者Aは，当選したことを確信したという。さて，この時点で立候補者Aの得票数は何票以上であると考えられるか。

☑ **2** 2 次関数 $y=ax^2+bx+c$ のグラフについて，下の図の ①〜⑥ を考える。
次の (a)〜(e) について，いずれかの値の符号に注目して，①〜⑥ をグループに分けよう。

(a) a (b) b (c) c (d) b^2-4ac (e) $a+b+c$

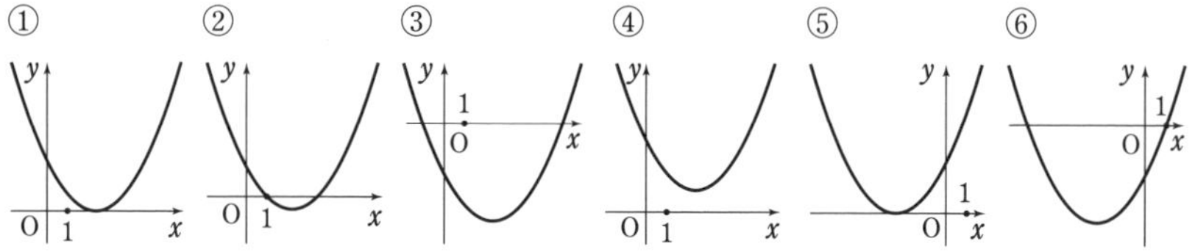

① ② ③ ④ ⑤ ⑥

(1) Aさんは(d)に注目して次のようにグループ分けをした。なぜこのようなグループ分けになったか，理由を説明せよ。
    グループ I：②，③，⑥　　　グループ II：①，⑤　　　グループ III：④
(2) Bさんは次のようにグループ分けをした。このとき，Bさんは(a)〜(e)のどの値の符号に注目したと考えられるか，理由とともに答えよ。
    グループ I：①，②，④，⑤　　　グループ II：③，⑥
(3) (a)〜(e)のうち，Aさん，Bさんとは異なる値を 1 つ選び，それに注目してグループ分けをし，各グループの符号を答えよ。ただし，複数のグループに分けられるものを選べ。

☑ **3** 　Aさんがグラウンドでサッカーの練習をしている。グラウンドを真上から見ると図1のようになり，図の地点Pから，無人のサッカーゴールに角度 α $(0°<\alpha<90°)$ でシュートを放つ。また，シュートを放つとき，ボールの飛んでいく方向と地面のなす角を β とする（図2）。サッカーゴールの横幅は 7.5 m，高さは 2.5 m とし，ボールは一直線に飛んでいくとみなす。また，ボールとサッカーゴールの枠の幅は無視し，ボールがサッカーゴールの枠に当たった場合はゴールしないとする。

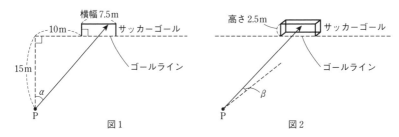

図1　　　　　　　　　　図2

(1) 　ゴールするとき，α の範囲を三角比の表を用いて求めると，ア□°≦α≦イ□° である。ただし，空らんは整数値で答えよ。

(2) 　$\alpha=45°$，$\beta=30°$ のときはゴールするか答えよ。

☑ **4** 　n を 2 以上の自然数とする。変量 x についての $(2n-1)$ 個のデータ x_1, x_2, ……, x_{2n-1} $(x_1≦x_2≦……≦x_{2n-1})$ がある。

実数 a の関数 $f(a)$, $g(a)$ を

$$f(a)=\frac{1}{2n-1}\{(x_1-a)^2+(x_2-a)^2+……+(x_{2n-1}-a)^2\},$$

$$g(a)=\frac{1}{2n-1}(|x_1-a|+|x_2-a|+……+|x_{2n-1}-a|)$$

で定める。次の □ に当てはまるものを下の ①〜⑤ のうちから 1 つずつ選べ。

$f(a)$ を最小にする a は x のデータの □ であり，そのときの最小値は x のデータの □ である。更に，$g(a)$ を最小にする a は x のデータの □ である。

① 　平均値　　　　② 　中央値　　　　③ 　最頻値

④ 　分散　　　　　⑤ 　標準偏差

総合問題

答と略解

1 問題の要求している答の数値，図などを記載し，略解・略証は [ ] に入れて付した。

2 [ ] の中には，本文にない文字でも断らずに用いている場合もあるので注意してほしい。

3 [ ] の中は答案形式ではないので，諸君が独力で考え，完全な答案にしてほしい。

---

1 (1) $[x]$…係数 y，次数 2
  $[y]$…係数 x^2，次数 1

  (2) $[a]$…係数 $-x^3$，次数 1
   $[x]$…係数 $-a$，次数 3

  (3) $[x]$…係数 $8ay^3$，次数 2
   $[y]$…係数 $8ax^2$，次数 3
   $[x \ と \ y]$…係数 $8a$，次数 5

2 (1) $-3x^2-x+3$，2 次式

  (2) $5a+3b-5c$，1 次式

  (3) $-x^2+2xy-2y^2$，2 次式

  (4) $-ab-2ca$，2 次式

3 (1) $[x]$… 2 次式，定数項 a^2+5
   $[a]$… 2 次式，定数項 $2x^2+5$

  (2) $[x]$… 2 次式，定数項 $y-5$
   $[y]$… 3 次式，定数項 $5x^2-5$
   $[x \ と \ y]$… 4 次式，定数項 -5

4 (1) $-x^3+4x^2+3x-2$

  (2) x について…$x^2+(4-3y)x+(y^3-5y+1)$
   y について…$y^3-(3x+5)y+(x^2+4x+1)$

5 (1) $A+B=2x-7y$，$A-B=3y-2z$

  (2) $A+B=5x^2+5x$，$A-B=3x^2-11x+2$

6 (1) $x^2-6x-12$ (2) $8x^2+18$

7 (1) $-4x^2-3x+3$ (2) 次数 2，定数項 3

  (3) $-5x^2+5x+1$

8 降べきの順，昇べきの順の順に

  (1) $-3x^3-x^2-5x+7$，$7-5x-x^2-3x^3$

  (2) $9x^2-(5y+7)x+(y-4)$，
   $(y-4)-(5y+7)x+9x^2$

  (3) $x^3+(y+z)x^2+(y^2+yz-z^2)x+(y^3-yz^2)$，
   $(y^3-yz^2)+(y^2+yz-z^2)x+(y+z)x^2+x^3$

9 (1) $-11t+12$ (2) $-6x+2y+9z$
  [括弧は内側から外側に ( )，{ }，[ ] の順にはずす]

10 (1) $-4x^2-7x-4$ (2) $-2x^2+3$
  [(2) 求める式の括弧をはずして簡単にすると
  $-A-B+C$]

11 (1) $-x^2+3x+6$ (2) x^2-x-4

  (3) x^2-3x-6

  [(1) $(x^2-2x-5)+A=x+1$

  (2) $B-(x^2-2x-5)=x+1$

  (3) $(x^2-2x-5)-C=x+1$]

12 (1) a^7 (2) a^{12} (3) a^4b^4

  (4) $-15x^6$ (5) $16a^{12}b^8$ (6) $-72x^8y^7$

13 (1) $8x^4+6x^3$ (2) $-12a^2b+8ab^2$

  (3) $4a^4b-2a^3b^2-3a^2b^3$ (4) x^2y-xy^2

  (5) $-8x^2y^2+12y^3$ (6) $-\dfrac{1}{3}ac+\dfrac{1}{6}bc-c^2$

14 (1) $ax+ay+bx+by$

  (2) $6xy-2x+9y-3$ (3) t^3-t

  (4) $6x^2-5x-4$ (5) $\dfrac{2}{9}x^2+\dfrac{1}{15}xy-\dfrac{6}{25}y^2$

  (6) $-2x^3y-5x^2y^2+3xy^3$

15 (1) $-9a^8b^9$ (2) $4a^3b^2-\dfrac{8}{3}a^2b^3+2ab^4$

  (3) $px+py+qx+qy$ (4) x^3+6x^2+8x

16 (1) x^3-5x^2+4x+6

  (2) $2a^4+a^3-6a^2-28a-5$

  (3) $2x^4-3x^3-23x^2-3x+20$

  (4) x^4-2x^3+2x-1

  (5) $x^3-5x^2y+4xy^2+6y^3$

  (6) $2x^4-3x^3y-23x^2y^2-3xy^3+20y^4$

  [例題 2 参照。① 1 つの文字について降べきの順に整理。② 分配法則を繰り返し利用。

  (3) (与式)$=(2x^2+3x-4)(x^2-3x-5)$

  (6) (与式)$=(2x^2+3xy-4y^2)(x^2-3xy-5y^2)$]

17 (1) x^5-1 (2) x^6-1

  (3) $x^3+6xy+8y^3-1$ [例題 2 参照]

18 (1) x の係数 5，x^2 の係数 5 (2) -13

  [(1) $[x]$…$x\cdot3+1\cdot2x$，$[x^2]$…$x^2\cdot3+x\cdot2x$

  (2) $[x^3y]$…$2x^2\cdot(-2xy)+(-3xy)\cdot3x^2$]

19 (1) x^2+4x+4 (2) x^2-6x+9

  (3) $9x^2+30x+25$ (4) $16x^2-24xy+9y^2$

  (5) x^2-4 (6) x^2-9 (7) a^2-4b^2

(8) $9a^2-16b^2$ (9) $x^2+9x+20$

(10) $x^2-9x+20$ (11) x^2-x-20

(12) x^2+x-20

20 (1) $4a^2-4ab+b^2$ (2) x^4-y^4

(3) $x^2+xy-12y^2$ (4) $a^2-3ab-10b^2$

(5) $15x^2-19x+6$ (6) $6x^2+5x-6$

(7) $8x^2+26xy+15y^2$ (8) $15x^2-22xy+8y^2$

(9) $18x^2-3xy-10y^2$

21 (1) $a^2+b^2+c^2-2ab-2bc+2ca$

(2) $x^2-6xy+9y^2+8x-24y+16$

(3) $x^4-4x^3+10x^2-12x+9$

22 (1) x^4-9 (2) x^4-18x^2+81

(3) x^4-16 (4) $x^4+4x^2y^2+16y^4$

23 (1) $4x^2-12xy+9y^2$ (2) $9x^2-16y^2$

(3) $8x^2+2x-15$

(4) $x^2+4y^2+9z^2-4xy-12yz+6zx$

(5) x^4-81 (6) t^4+t^2+1

24 (1) $x^4+8x^3+20x^2+16x+3$

(2) $x^4+5x^3+4x^2-5x+1$

(3) $x^2-4y^2+12yz-9z^2$

(4) $a^4-a^2b^2+2ab^3-b^4$

(5) $x^4+10x^3+31x^2+30x$

(6) $x^4-x^3-12x^2+6x+36$

(7) x^4-13x^2+36 (8) x^4-10x^2+9

(9) $x^4-6x^3+7x^2+6x-8$

(10) $x^4+12x^3+47x^2+72x+36$

(11) x^8-162x^4+6561 (12) x^8-a^8

[(1) $x^2+4x=A$ とおく。 (2) $x^2-1=A$

(3) $\{x+(2y-3z)\}\{x-(2y-3z)\}$

$=x^2-(2y-3z)^2$

(4) $\{a^2-(ab-b^2)\}\{a^2+(ab-b^2)\}$

(5) $(x+2)(x+3)=x^2+5x+6$, $x^2+5x=A$

(6) $x^2-6=A$

(7) $(x+3)(x-3)=x^2-9$, $x^2=A$

(8) $\{(x-1)(x+1)\}\{(x-3)(x+3)\}$, $x^2=A$

(9) $\{(x+1)(x-4)\}\{(x-1)(x-2)\}$, $x^2-3x=A$

(10) $\{(x+1)(x+6)\}\{(x+2)(x+3)\}$, $x^2+6=A$

(11) $\{(x-3)(x+3)\times(x^2+9)\}^2$

$=\{(x^2-9)(x^2+9)\}^2$ (12) 前から順に計算]

25 (1) a^3+3a^2+3a+1

(2) $8x^3+12x^2+6x+1$

(3) $a^3+9a^2b+27ab^2+27b^3$

(4) $27a^3+54a^2b+36ab^2+8b^3$

(5) $8x^3-12x^2+6x-1$

(6) $27a^3-54a^2b+36ab^2-8b^3$

26 (1) x^3+27 (2) x^3-64 (3) $8a^3+b^3$

(4) $8x^3-125y^3$

[(1) $(x+3)(x^2-x\cdot3+3^2)=x^3+3^3$]

27 (1) $x^6-12x^4+48x^2-64$ (2) x^6-1

[(1) $\{(x+2)(x-2)\}^3=(x^2-4)^3$

(2) $\{(x-1)(x^2+x+1)\}\{(x+1)(x^2-x+1)\}$

$=(x^3-1)(x^3+1)$]

28 (1) $x^8+x^4y^4+y^8$ (2) $8ac$

[(1) $(x^4+x^2y^2+y^4)(x^4-x^2y^2+y^4)$

(2) $(b+c-a)^2=a^2-2(b+c)a+(b+c)^2$ など

別解 $(A^2-B^2)+(C^2-D^2)$

$=(A+B)(A-B)+(C+D)(C-D)$ を利用。

次項目「因数分解」を参照]

29 (1) $a^3+b^3+c^3-3abc$

(2) $x^3+y^3+3xy-1$

[(2) (1)で $a=x$, $b=y$, $c=-1$ とおく]

30 (1) $mab(m-a)$ (2) $6x^2(x^2+2)$

(3) $3ac(3b^2-2ac-bc)$ (4) $x(x+2y+2z)$

(5) $(a+b)(x-y)$ (6) $(a-3b)(2a+b)$

31 (1) $(a+2)^2$

(2) $\left(x-\dfrac{1}{2}\right)^2$ $\left(\dfrac{1}{4}(2x-1)^2\right)$

(3) $(3a-2b)^2$

32 (1) $(3x+5)(3x-5)$ (2) $(10+a)(10-a)$

(3) $(6a+5b)(6a-5b)$

(4) $2(3x+4y)(3x-4y)$

(5) $6ab(a+2b)(a-2b)$

(6) $(x+y-1)(x-y+1)$

[(6) $\{x+(y-1)\}\{x-(y-1)\}$]

33 (1) $(x+1)(x+20)$ (2) $(x-2)(x-10)$

(3) $(x+4)(x+5)$ (4) $(x-1)(x+20)$

(5) $(x+2)(x-10)$ (6) $(x-4)(x+5)$

34 (1) $(x+1)(x+3)$ (2) $(x-2)(x-4)$

(3) $(x-1)(x+9)$ (4) $(x+4)(x-6)$

(5) $(x-2y)(x+3y)$ (6) $(x+y)(x-18y)$

35 (1) $(x+6)(2x+1)$ (2) $(x-6)(2x-1)$

(3) $(x+2)(2x-3)$ (4) $(x-2)(2x+3)$

(5) $(x+2)(2x+3)$ (6) $(x-2y)(3x-3y)$

36 (1) $(x-y)(2x-y)$

(2) $(2a+3b)(3a-4b)$

(3) $(2a-3b)(4a-b)$

37 (1) $(a+b+1)(a-b+1)$

(2) $(x^2+4)(x^2-7)$ (3) $(x^2+4)(x+2)(x-2)$

[(1) $(a+1)^2-b^2$ (3) $(x^2)^2-4^2$]

38 (1) $(a-4)(5a+2)$　(2) $(4x-3y)^2$

(3) $(2+a-b)(2-a+b)$

(4) $(x-6y)(x-9y)$

(5) $(2a-7b)(3a+2b)$

(6) $(x^2+9)(x+2)(x-2)$

39 (1) $(x+y+3)(x+y-6)$

(2) $(2x-3)(10x-3)$

(3) $(x+2)^2(x-2)(x+6)$

(4) $(x-2a+b)(x+6a-3b)$

[(1) $x+y=A$ とおくと　$A^2-3A-18$

(2), (3) も同様。　(3) 例題 4 (1) 参照。

(4) $2a-b=A$ とおくと　$x^2+2Ax-3A^2$]

40 (1) $(2a+b+4)(2a+b-4)$

(2) $(x^2+8)(x+2)(x-4)$

(3) $(a+b)(a-b)(x+1)(x-1)$

(4) $(a+b+c)(a-b+c)(a+b-c)$
　　$\times(-a+b+c)$

[(1) $2a+b=A$ とおくと　A^2-4^2

(2) $x^2-x=A$, $x+8=B$ とおく。

(3) $(a^2-b^2)x^2-(a^2-b^2)$

(4) $(2ac)^2-(c^2+a^2-b^2)^2$

$=(\underline{a^2+2ac+c^2}-b^2)(b^2-\underline{a^2+2ac-c^2})$]

41 (1) $(x+2y+2z)(x+2y-2z)$

(2) $(x+3y-1)(x-3y+1)$

(3) $(x-y+1)(x-y-2)$

(4) $(x+2y+2)(x+2y+3)$

[(1) $(x+2y)^2-(2z)^2$　(2) $x^2-(3y-1)^2$

(3) $(x-y)^2-(x-y)-2$

(4) $(x+2y)^2+5(x+2y)+6$]

42 (1) $(a+2)(a^2-2a+4)$

(2) $(3x-y)(9x^2+3xy+y^2)$

(3) $(4x-3y)(16x^2+12xy+9y^2)$

(4) $(5ab+2)(25a^2b^2-10ab+4)$

43 (1) $(x+3)(x+1)(x-1)$

(2) $(x-5)(x+2)(x-2)$

(3) $(x-2)(x^2-x+4)$

(4) $(2x+1)(4x^2+x+1)$　(5) $(x+1)^3$

(6) $(2x-3)^3$

[(1) $x^2(x+3)-(x+3)$

(2) $x^2(x-5)-4(x-5)$

(3) $(x^3-8)-3x(x-2)$

(4) $(8x^3+1)+3x(2x+1)$

(5) $x^3+3\cdot x^2\cdot1+3\cdot x\cdot1^2+1^3=(x+1)^3$

(6) $(2x)^3-3\cdot(2x)^2\cdot3+3\cdot2x\cdot3^2-3^3$

$=(2x-3)^3$]

参考 $a^3+3a^2b+3ab^2+b^3=(a+b)^3$
　　$a^3-3a^2b+3ab^2-b^3=(a-b)^3$]

44 (1) $(a+1)(b+1)$　(2) $(x-z)(y-u)$

(3) $(x+y)(x-y)(y-z)$

(4) $(a-c)(b-ac+c^2)$

[(1) $(b+1)a+(b+1)$

(2) $(y-u)x-yz+zu$

(3) $(-x^2+y^2)z+x^2y-y^3$

(4) b について整理する。

$(a-c)b-a^2c+2ac^2-c^3$

$=(a-c)b-c(a-c)^2=(a-c)\{b-c(a-c)\}$]

45 (1) $(x+y)(x+y-1)$

(2) $(x-y-2)(x-2y+1)$

(3) $(x+y+3)(x-2y-1)$

(4) $(2x-y-1)(2x-y+1)$

(5) $(x-2y+3)(2x+y-1)$

(6) $(2x+3y+1)(3x-2y-1)$

[(3) $x^2+(-y+2)x-(y+3)(2y+1)$

(5) $2x^2+(-3y+5)x-(y-1)(2y-3)$

(6) $6x^2+(5y+1)x-(2y+1)(3y+1)$]

46 (1) $-(a-b)(b-c)(c-a)$

(2) $(a+b)(b+c)(c+a)$

(3) $(a+b)(b+c)(c+a)$

(4) $(a+b+c)(ab+bc+ca)$

[(1) $(b-c)a^2-(b^2-c^2)a+b^2c-bc^2$

$=(b-c)\{a^2-(b+c)a+bc\}$

(2) $(b+c)a^2+(b^2+2bc+c^2)a+bc(b+c)$

$=(b+c)\{a^2+(b+c)a+bc\}$

(3) $(b+c)a^2+\{(b-c)^2+4bc\}a+bc^2+b^2c$

$=(b+c)a^2+(b+c)^2a+bc(b+c)$

$=(b+c)\{a^2+(b+c)a+bc\}$

(4) $(b+c)a^2+\{(b+c)^2+bc\}a+bc(b+c)$

$=\{a+(b+c)\}\{(b+c)a+bc\}$]

47 (1) $(x-1)(x+3)(x^2+2x-1)$

(2) $(xy+x+1)(xy+y+1)$

(3) $(x-2)(x-6)(x^2-8x+10)$

(4) $(x^2+4x+6)(x^2+8x+6)$

[(1) $x^2+2x=A$ とおく。

(2) $(xy+1)\{(xy+1)+x+y\}+xy$

$=(xy+1)^2+(x+y)(xy+1)+xy$

(3) $\{(x^2-8x)+7\}\{(x^2-8x)+15\}+15$

(4) $\{(x^2+6)+7x\}\{(x^2+6)+5x\}-3x^2$]

48 (1) $(3x+2y)(3x-2y)(9x^2+4y^2)$

(2) $(x+3y)(x-3y)(x^2+9y^2)$

49 (1) $(x^2+x+1)(x^2-x+1)$

(2) $(x^2+3xy+y^2)(x^2-3xy+y^2)$

(3) $(x^2+2x+2)(x^2-2x+2)$

(4) $(x^2+5xy-y^2)(x^2-5xy-y^2)$

$[(1)\ (x^2+1)^2-x^2$ (2) $(x^2+y^2)^2-9x^2y^2$

(3) $(x^2+2)^2-4x^2$ (4) $(x^2-y^2)^2-25x^2y^2]$

50 (1) $3(a-b)(b-c)(c-a)$

(2) $3(x+y)(y+z)(z+x)$

(3) $(a+1)(a-2)(a^2-a+1)(a^2+2a+4)$

(4) $(a+b)(a-b)(a^2-ab+b^2)(a^2+ab+b^2)$

$[(1)$ a について整理すると

$-3(b-c)a^2+3(b^2-c^2)a-3bc(b-c)$

(2) x について整理すると

$3(y+z)x^2+3(y+z)^2x+3yz(y+z)$

(3) $(a^3)^2-7a^3-8$

(4) $(a^3)^2-(b^3)^2=(a^3+b^3)(a^3-b^3)$ あるいは

$(a^2)^3-(b^2)^3=(a^2-b^2)(a^4+a^2b^2+b^4)$

$=(a^2-b^2)\{(a^2+b^2)^2-a^2b^2\}]$

51 $(a+b+c)(a^2+b^2+c^2-ab-bc-ca)$

$[(a+b)^3-3ab(a+b)+c^3-3abc$

$=\{(a+b)^3+c^3\}-3ab(a+b+c)$

問題 29 (1) 参照$]$

52 (1) $(x+y+1)(x^2-xy+y^2-x-y+1)$

(2) $(1-2x-3y)(4x^2-6xy+9y^2+2x+3y+1)$

$[(1)$ 問題 51 において, $a \longrightarrow x$, $b \longrightarrow y$,

$c \longrightarrow 1$ とおき換えるとよい$]$

53 (1) 0.15 (2) $0.\dot{1}\dot{5}$ (3) $1.1\dot{6}$ (4) $1.\dot{1}4\dot{8}$

54 (1) $\dfrac{4}{5}$ (2) $\dfrac{3}{1}$ (3) $\dfrac{-2}{5}$ (4) $\dfrac{-31}{25}$

(5) $\dfrac{8}{9}$ (6) $\dfrac{5}{33}$ (7) $\dfrac{26}{111}$ (8) $\dfrac{29}{198}$

55 (1) 正しい

(2) 正しくない, $(1-\sqrt{2})+\sqrt{2}=1$

(3) 正しくない, $0\times\sqrt{2}=0$

(4) 正しくない, $\sqrt{2}\times\sqrt{2}=2$

56

(1) 7, $\sqrt{16}$, $(\sqrt{5})^2$

(2) -3, 0, 7, $\sqrt{16}$, $(\sqrt{5})^2$

(3) -3, 0, 7, $\dfrac{2}{3}$, $\dfrac{5}{4}$, $0.\dot{1}2\dot{3}$, $\sqrt{16}$, $(\sqrt{5})^2$

(4) $-\sqrt{3}$, π (5) $\dfrac{5}{4}$ (6) $\dfrac{2}{3}$, $0.\dot{1}2\dot{3}$

57 (1) 整数部分は 4, 小数部分は 0.75

(2) 整数部分は 2, 小数部分は $0.\dot{1}\dot{6}$

(3) 整数部分は 2, 小数部分は $\sqrt{5}-2$

(4) 整数部分は 1, 小数部分は $\dfrac{\pi}{2}-1$

58 (1) 4 (2) 6 (3) $4-\pi$ (4) $2-\sqrt{2}$

$[(3)$ $\pi-4<0$ (4) $\sqrt{2}-2<0]$

59 (1) 7 (2) 12 (3) 15

60 (1) $\dfrac{-7}{9}$ (2) $\dfrac{5}{9}$ (3) $\dfrac{1}{4}$ (4) $\dfrac{-2}{1}$

61 (1) 8 (2) 1

62 (1) 17 (2) 11 (3) 13 (4) 6

63 (1) ±10 (2) $\pm\sqrt{10}$ (3) ±1 (4) 0

(5) 7 (6) 7 (7) 7 (8) 7

64 (1) $2\sqrt{3}$ (2) 60 (3) $2\sqrt{5}$ (4) $\dfrac{5}{2}$

65 (1) $\sqrt{5}$ (2) $3\sqrt{5}$ (3) $6\sqrt{2}$ (4) $14\sqrt{6}$

66 (1) 18 (2) $-20+10\sqrt{2}$ (3) $7+2\sqrt{10}$

(4) $35-12\sqrt{6}$ (5) 4 (6) -4

(7) $48+13\sqrt{15}$ (8) $4+10\sqrt{35}$

67 (1) $\dfrac{2\sqrt{7}}{3}$ (2) $\dfrac{\sqrt{3}-1}{2}$

(3) $-3-2\sqrt{2}$ (4) $-\dfrac{6-5\sqrt{2}}{2}$

68 (1) $3\sqrt{3}$ (2) $\sqrt{2}$ (3) $-3-2\sqrt{2}$

(4) $-3\sqrt{5}$

69 (1) $10+2\sqrt{6}+2\sqrt{10}+2\sqrt{15}$

(2) $6+2\sqrt{2}-2\sqrt{3}-2\sqrt{6}$

(3) $2\sqrt{6}$ (4) $-6\sqrt{2}$

70 (1) $\dfrac{\sqrt{6}+\sqrt{15}}{3}$ (2) $\dfrac{2-\sqrt{2}+\sqrt{6}}{4}$

(3) $\dfrac{\sqrt{2}+\sqrt{6}}{2}$ (4) $2+\sqrt{6}$

$[(1)$ $(\sqrt{2})^2+(\sqrt{3})^2=(\sqrt{5})^2$ に着目して,

分母・分子に $(\sqrt{2}+\sqrt{3})+\sqrt{5}$ を掛ける。

(2)~(4) についても同様$]$

71 (1) 2.732 (2) 0.318

$\left[(1)\ \dfrac{2(\sqrt{3}+1)}{(\sqrt{3}-1)(\sqrt{3}+1)}\right.$

$\left.(2)\ \dfrac{\sqrt{2}-\sqrt{3}}{(\sqrt{2}+\sqrt{3})(\sqrt{2}-\sqrt{3})}\right]$

72 (1) $a=1$, $b=2-\sqrt{3}$ (2) $8-4\sqrt{3}$

(3) $2+\sqrt{3}$

$\left[(1)\ \dfrac{2\sqrt{3}}{\sqrt{3}+1}=3-\sqrt{3}\right.$

$1<\sqrt{3}<2$ であるから $1<3-\sqrt{3}<2$

よって $a=1$, $b=(3-\sqrt{3})-a]$

73 (1) $x+y=10,\ xy=1$ (2) 98 (3) 970
［対称式は基本対称式 $x+y,\ xy$ で表される。
(2) $x^2+y^2=(x+y)^2-2xy$
(3) $x^3+y^3=(x+y)^3-3xy(x+y)$ ］

74 (1) $-2\sqrt{10}$ (2) 38 (3) $-12\sqrt{10}$
(4) $-74\sqrt{10}$
$\Big[$(1) $\dfrac{1}{x}=\dfrac{1}{3-\sqrt{10}}=-3-\sqrt{10}$
(2)～(4) (1) の結果を利用する。
(2) $x^2+\dfrac{1}{x^2}=\Big(x+\dfrac{1}{x}\Big)^2-2$
(3) $x^2-\dfrac{1}{x^2}=\Big(x+\dfrac{1}{x}\Big)\Big(x-\dfrac{1}{x}\Big)$
(4) $x^3+\dfrac{1}{x^3}=\Big(x+\dfrac{1}{x}\Big)^3-3\Big(x+\dfrac{1}{x}\Big)\Big]$

75 (1) $\sqrt{3}+1$ (2) $\sqrt{5}-2$ (3) $4-\sqrt{3}$
$\Big[$(1) $\sqrt{(3+1)+2\sqrt{3\cdot1}}=\sqrt{(\sqrt{3}+\sqrt{1}\,)^2}$
(2) $\sqrt{(5+4)-2\sqrt{5\cdot4}}=\sqrt{(\sqrt{5}-\sqrt{4}\,)^2}$
(3) $\sqrt{(16+3)-2\sqrt{16\cdot3}}=\sqrt{(\sqrt{16}-\sqrt{3}\,)^2}$ ］

76 (1) $\sqrt{3}+\sqrt{2}$ (2) $2\sqrt{2}+\sqrt{3}$
(3) $2\sqrt{2}-2$
$\Big[$(1) $\sqrt{5+2\sqrt{6}}=\sqrt{(3+2)+2\sqrt{3\cdot2}}$
(2) $\sqrt{11+2\sqrt{24}}=\sqrt{(8+3)+2\sqrt{8\cdot3}}$
(3) $\sqrt{12-2\sqrt{32}}=\sqrt{(8+4)-2\sqrt{8\cdot4}}$ ］

77 (1) $\dfrac{\sqrt{14}+\sqrt{2}}{2}$ (2) $\dfrac{\sqrt{14}-\sqrt{6}}{2}$
(3) $\dfrac{\sqrt{30}+\sqrt{10}}{2}$
$\Big[$(1) $\dfrac{\sqrt{8+2\sqrt{7}}}{\sqrt{2}}=\dfrac{\sqrt{(7+1)+2\sqrt{7\cdot1}}}{\sqrt{2}}$
(2) $\dfrac{\sqrt{10-2\sqrt{21}}}{\sqrt{2}}=\dfrac{\sqrt{(7+3)-2\sqrt{7\cdot3}}}{\sqrt{2}}$
(3) $\sqrt{\dfrac{20+2\sqrt{75}}{2}}=\dfrac{\sqrt{(15+5)+2\sqrt{15\cdot5}}}{\sqrt{2}}$ ］

78 ③
［理由：$\sqrt{1}-\sqrt{3}<0$ であるから］

79 $\sqrt{11+4\sqrt{7}}$

80 (1) $x+5>2x$ (2) $8x+100\leqq3000$

81 (1) ＜ (2) ＜ (3) ＜ (4) ＞ (5) ＞

82 (1) ③, ④ (2) ①, ② (3) ②, ③, ④

83 (1) $x>\dfrac{5}{3}$ (2) $x\leqq\dfrac{9}{4}$ (3) $x>0$
(4) $x\geqq-1$ (5) $x<\dfrac{7}{3}$ (6) $x>-5$
(7) $x>2\sqrt{2}$ (8) $x\leqq2\sqrt{3}+3$

(9) $x>\sqrt{5}+2\sqrt{3}$

(1)   (2)
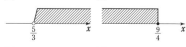

(3)   (4)

(5)   (6)

(7)   (8)

(9)

84 (1) $x>-1$ (2) $x\leqq2$ (3) $x>-\dfrac{3}{2}$
(4) $x\leqq\dfrac{5}{2}$

(1)   (2)
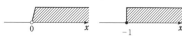

(3)   (4)

85 (1) $x>18$ (2) $x\leqq-\dfrac{27}{11}$ (3) $x\geqq-\dfrac{3}{2}$
(4) $x<\dfrac{12}{5}$
［(1) 分母の最小公倍数 12 を掛ける。
(2), (3) 10 倍して係数を整数にする。
(4) $0.5=\dfrac{1}{2}$ から 2 と 3 の最小公倍数 6 を掛ける］

86 (1) $k=-3$ (2) $k<3$
$\Big[$(1) $\dfrac{3-k}{6}=1$ (2) $\dfrac{3-k}{6}>0\Big]$

87 (1) 3 個 (2) 6 個
$\Big[$(1) $x\leqq\dfrac{10}{3}$ (2) $x<7\Big]$

88 3 ［不等式を解くと $n>2$ ］

89 (1) $a>0$ のとき $x>\dfrac{3}{a}$,

$a=0$ のとき　解はない,

$a<0$ のとき　$x<\dfrac{3}{a}$

(2)　$a>4$ のとき　$x\leqq-2$,

$a=4$ のとき　解はすべての実数,

$a<4$ のとき　$x\geqq-2$

[不等式 $Ax>B$ において,

$A>0$ ならば $x>\dfrac{B}{A}$, $A<0$ ならば $x<\dfrac{B}{A}$,

$A=0$ ならば $0\cdot x>B$

(2) $(a-4)x\leqq-2(a-4)$]

90 (1)　$-5\leqq x<3$　(2)　$x<-5$　(3)　$x\geqq5$

(4)　解はない　(5)　$5<x<7$

(6)　$-1<x\leqq\dfrac{18}{5}$　(7)　$x\geqq31$　(8)　$2\leqq x<\dfrac{8}{3}$

(9)　$-1<x<3$　(10)　$x=2$

91　$x=11,\ 12$　$[8x\leqq100,\ 20x>200]$

92 (1)　$x\geqq9$　(2)　$\dfrac{1}{7}<x\leqq\dfrac{3}{2}$

93 (1)　$21<3x+5y<35,\ 0<4x-2y<14$

(2)　$12\leqq xy<27$

94 (1)　$-24<3x-5y<-16,\ 29.25\leqq xy\leqq41.25$

(2)　$\dfrac{17}{8}\leqq x<\dfrac{23}{8}$

$\left[\text{(1)　例題 11 参照。(2)　}2.5\leqq\dfrac{4x-1}{3}<3.5\right]$

95　33 個

[りんごを x 個買うとすると

$70x+40(50-x)\leqq3000$]

96　12 km 以上　$\left[\dfrac{x}{4}+\dfrac{24-x}{3}\leqq7\right]$

97　36 脚以上 42 脚以下

[長いすの数を x 脚とすると 1 年生の人数は

$6x+15$ であるから

$7(x-4)+1\leqq6x+15\leqq7(x-3)$]

98　$-4\leqq a<-3$

$\left[1-a\leqq x<\dfrac{11}{2}\ \text{から}\ 4<1-a\leqq5\right]$

99 (1)　(ア)　$x=\pm6$　(イ)　$x=\pm10$

(2)　(ア)　$-6<x<6$　(イ)　$x\leqq-6,\ 6\leqq x$

(ウ)　$-10\leqq x\leqq10$　(エ)　$x<-10,\ 10<x$

100 (1)　$x=11,\ -5$　(2)　$x=-1,\ -9$

(3)　$x=\dfrac{4}{3},\ -2$

101 (1)　$-5<x<11$　(2)　$x<-5,\ 11<x$

(3)　$-5\leqq x\leqq11$　(4)　$-10<x<-2$

(5)　$x<-\dfrac{1}{3},\ 5<x$　(6)　$-\dfrac{13}{4}\leqq x\leqq-\dfrac{1}{4}$

102 (1)　$x=4$　(2)　解はすべての実数

(3)　解はない　(4)　$x=4$

103 (1)　$x=1,\ \dfrac{1}{3}$　(2)　$x<-\dfrac{10}{3},\ -\dfrac{8}{3}<x$

(3)　$\dfrac{3}{2}\leqq x\leqq3$　(4)　$x=-3$

104 (1)　$x\geqq1$ のとき　$x-1$,

$x<1$ のとき　$-x+1$

(2)　$x\geqq-3$ のとき　$x+3$,

$x<-3$ のとき　$-x-3$

(3)　$x\geqq\dfrac{5}{2}$ のとき　$2x-5$,

$x<\dfrac{5}{2}$ のとき　$-2x+5$

(4)　$x\geqq-\dfrac{5}{3}$ のとき　$3x+5$,

$x<-\dfrac{5}{3}$ のとき　$-3x-5$

105 (1)　$x=2,\ 6$　(2)　$x<2,\ 6<x$

(3)　$x=-1$　(4)　$x<-1$　(5)　$x<\dfrac{3}{4}$

(6)　$x\geqq\dfrac{3}{4}$

[(1), (2)　$x\geqq3,\ x<3$ で場合分け。

(3)～(6)　同様に場合分け]

106 (1)　$x=-1,\ 4$　(2)　$x=\dfrac{4}{3},\ 4$

[(1)　$x<0,\ 0\leqq x<3,\ 3\leqq x$

(2)　$x<0,\ 0\leqq x<2,\ 2\leqq x$ で場合分け]

107　$-x+3$

108 (1)　$x<-1,\ 4<x$　(2)　$\dfrac{4}{3}<x<4$

109　$-4x^2+3xy-5y^2$

[ある多項式を A とすると, 条件から

$A+(3x^2-xy+2y^2)=2x^2+xy-y^2$

正しい結果は　$A-(3x^2-xy+2y^2)$]

110　x^5 の係数 -17, x^2 の係数 -65

[全部展開せずに, 関係のある項に着目する。

$[x^5]\cdots5x^3\cdot(-x^2)+(-6x^2)\cdot3x^3+3x\cdot2x^4$

$[x^2]\cdots(-6x^2)\cdot8+3x\cdot(-7x)+(-4)\cdot(-x^2)$]

111 (1)　$(x-2y-3)(2x+y-4)$

(2)　$-(x+y+z)(x-y)(y-z)(z-x)$

(3)　$(a^2+3a-5)(a^2+3a+7)$

(4)　$(x+1)(x^2+x+1)(x^2-x+1)$

(5)　$(x+y+1)(x^2-xy+y^2)$

(6)　$(x+y)(x-y)(xy-y+1)$

[(1) x について整理すると
$2x^2-(3y+10)x-(2y^2-5y-12)$
$=2x^2-(3y+10)x-(2y+3)(y-4)$
(2) まず，x について整理して共通因数
$(y-z)$ をくくり出す。次に y について整理。
(4) $x^3(x^2+x+1)+(x^2+x+1)$
$=(x^2+x+1)(x^3+1)$
別解 $x^4(x+1)+x^2(x+1)+(x+1)$
$=(x+1)(x^4+x^2+1)=(x+1)\{(x^2+1)^2-x^2\}$
(5) $(x^3+y^3)+(x^2-xy+y^2)$
$=(x+y)(x^2-xy+y^2)+(x^2-xy+y^2)$
(6) $(x^3y-xy^3)+(-x^2y+y^3)+(x^2-y^2)$
$=xy(x^2-y^2)-y(x^2-y^2)+(x^2-y^2)]$

112 (1) $a^2+\dfrac{1}{a^2}=7$，$\left(a-\dfrac{1}{a}\right)^2=5$，

$a-\dfrac{1}{a}=\pm\sqrt{5}$

(2) $x^3-2x^2=2-\sqrt{5}$，$x^4-3x^3=\dfrac{-7+3\sqrt{5}}{2}$

$\Big[$ (1) $a^2+\dfrac{1}{a^2}=\left(a+\dfrac{1}{a}\right)^2-2$，

$\left(a-\dfrac{1}{a}\right)^2=a^2+\dfrac{1}{a^2}-2$

(2) $x=\dfrac{3-\sqrt{5}}{2}$ から $2x-3=-\sqrt{5}$

両辺を2乗して整理すると $x^2=3x-1$
$x^3-2x^2=x^2(x-2)=(3x-1)(x-2)$，
$x^4-3x^3=x^2(x^2-3x)=(3x-1)(3x-1-3x)]$

113 $a\neq0$，$a\neq1$ のとき $x=\dfrac{1}{a}$ ；

$a=0$ のとき 解はない；
$a=1$ のとき すべての実数
$[a(a-1)x=a-1$
$a=0$ のとき $0\cdot x=-1$
どのような x の値に対しても等式が成り立たない。
$a=1$ のとき $0\cdot x=0$
どのような x の値に対しても等式が成り立つ。
参考 x について整理し，$Ax=B$ の形にする。
$A\neq0$ のとき $x=\dfrac{B}{A}$
$A=0$ のとき $B=0$ なら解はすべての実数
 のとき $B\neq0$ なら解はない]

114 $\dfrac{3}{5}<x\leqq\dfrac{7}{3}$，$x=5$

[2つの不等式をそれぞれ解き，解の共通範囲
を求める。$\sqrt{(x-3)^2}=|x-3|]$

115 (Ⅱ)，$a=-3$

116 (100円，10円，5円)
$=(17枚，27枚，6枚)$，$(18枚，8枚，24枚)$
[100円，10円，5円硬貨の枚数をそれぞれ
x，y，z とすると
$100x+10y+5z=2000$，$x+y+z=50$
よって $y=350-19x$，$z=18x-300$
$y\geqq0$，$z\geqq0$，x は自然数から $x=17,18]$

117 $3\leqq a<5$

$\Big[$ $-a\leqq-2x+3\leqq a$ から $\dfrac{3-a}{2}\leqq x\leqq\dfrac{3+a}{2}$

この解は，数直線上で $\dfrac{3}{2}$ からの距離が $\dfrac{a}{2}$ 以

下の実数である]

118 $0<a<1$ のとき $2a$，$1\leqq a$ のとき 2
[(与式)$=\sqrt{(a+1)^2}-\sqrt{(a-1)^2}$
$=|a+1|-|a-1|]$

119 $x=-1$，3
$[|x|+|x-2|=4]$

120 (1) $\in$ (2) $\notin$ (3) $\notin$ (4) $\in$

121 (1) $\{-2,-1,0,1,2,3,4,5\}$
(2) $\{0,1,4\}$ (3) $\{1,3,5,7,9,11,13\}$
(4) $\{1,2,3,4,6,8,12,24\}$

122 (1) $B\subset A$ (2) $A=B$
[(2) $A=\{2,5\}$，$B=\{2,5\}]$

123 P，S
[それぞれの集合の要素をみて，すべての要素
が集合 A の要素である集合を選ぶ。
ただし，空集合は，どんな集合に対してもその
部分集合であるから，選ぶ必要がある]

124 $\varnothing$，$\{p\}$，$\{q\}$，$\{r\}$，$\{s\}$，$\{p,q\}$，$\{p,r\}$，
$\{p,s\}$，$\{q,r\}$，$\{q,s\}$，$\{r,s\}$，$\{p,q,r\}$，
$\{p,q,s\}$，$\{p,r,s\}$，$\{q,r,s\}$，$\{p,q,r,s\}$
[要素の個数が0個の場合，1個の場合，……，
4個の場合を順に書き並べるとよい]

125 (1) $\{2,3\}$ (2) $\{1,2,3,5,7,8,10\}$
(3) $\{4,6,8,9,10\}$
(4) $\{1,4,5,6,7,9\}$ (5) $\{1,5,7\}$
(6) $\{1,2,3,4,5,6,7,9\}$
(7) $\{1,4,5,6,7,8,9,10\}$
(8) $\{1,4,5,6,7,8,9,10\}$
[(7), (8) $\overline{A\cap B}=\overline{A}\cup\overline{B}]$

126 (1) $\{2,4,8\}$ (2) $\{1,2,4,6,8\}$
(3) $\{6\}$ (4) $\{3,5,7\}$
[$A=\{1,2,4,8\}$，$B=\{2,4,6,8\}]$

127 (1) A　(2) B
(3) $\varnothing$
[ベン図で考えるとわかり
やすい。右の図参照]

128 (1) $\{5, 9, 13, 17, 21\}$
(2) $\{1, 9, 25, 49, 81\}$
[S の要素を書き並べると
$S=\{1, 3, 5, 7, 9\}$]

129 (1) $\{1, 2, 4, 8\}$
(2) $\{1, 2, 3, 4, 5, 6, 7, 8, 12, 16, 24\}$
[$A=\{1, 2, 4, 8, 16\}$,
$B=\{1, 2, 3, 4, 6, 8, 12, 24\}$,
$C=\{1, 2, 3, 4, 5, 6, 7, 8\}$]

130 (1) $\{3\}$　(2) $\{1, 2, 3, 4, 5, 6, 7, 8\}$
(3) $\{4\}$　(4) $\{1, 2, 4, 5, 6, 7, 8, 9, 10\}$
(5) $\{2, 3, 4, 6, 7\}$　(6) $\{1, 2, 7, 8\}$

131 $A=\{1, 2, 5, 6\}$, $B=\{1, 2, 4, 7\}$,
$A\cup\overline{B}=\{1, 2, 3, 5, 6\}$
[$A\cap B=\{1, 2\}$, $\overline{A}\cap B=\{4, 7\}$,
$\overline{A}\cap\overline{B}=\{3\}$ をベン図でかくと次の左の図のよ
うになる。$U=\{1, 2, 3, 4, 5, 6, 7\}$ であるか
ら，$A\cap\overline{B}=\{5, 6\}$ となり，次の右の図のよう
になる]

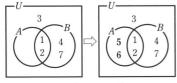

132 $a=2$, $A\cup B=\{2, 3, 5, 6\}$
[$A\cap B=\{3, 5\}$ から　$5\in A$, $3\in B$
よって，$3a-3=3$ から　$a=2$
このとき　$2a+1=5$　条件を満たす]

133 命題は (2), (3)
真偽は (2) 偽　(3) 真
[(1) 1.41 は 1.4 と比べると $\sqrt{2}$ に近いが
1.414 と比べると $\sqrt{2}$ に近くない。よって，真
偽が明確に決まらないので命題ではない]

134 (1) 真　(2) 偽　(3) 真　(4) 偽
[(1) $P=\{x\mid 1<x<2\}$, $Q=\{x\mid 1<x<3\}$ とす
ると　$P\subset Q$　よって 真]

135 (1) 偽，反例：$n=6$
(2) 偽，反例：$n=5$

136 (1) $\{x\mid 2\leqq x<5\}$　(2) $\{x\mid -8<x\leqq 7\}$

137 (1) $a\neq -1$　(2) $a<5$
(3) $a<-2$ または $1\leqq a$　(4) $a\leqq 0$

138 (1) $x\neq 3$ または $y\neq 5$
(2) $x\leqq 4$ かつ $y<4$
(3) $x\leqq 8$ かつ $x\geqq 3$ $(3\leqq x\leqq 8)$
(4) $x<5$ または $x\geqq 10$

139 (1) m, n の少なくとも一方は偶数
(2) m, n はともに 3 の倍数でない
(3) $x\leqq 0$ かつ $y>0$　(4) $x\neq 0$ または $y=0$

140 (1) $P\cap Q$　(2) $\overline{P}\cap Q$　(3) $\overline{P}\cap\overline{Q}$
[(1) （2 の倍数）かつ（3 の倍数）
(2) （3 の倍数）かつ（2 の倍数でない）
(3) （3 の倍数でない）かつ（2 の倍数でない）]

141 (1) 真　(2) 偽　(3) 真　(4) 真
[m, n を 2 で割った商をそれぞれ k, l とする。
(1) $m=2k$, $n=2l$ のとき　$m+n=2(k+l)$
(2) $m=2k+1$, $n=2l+1$ のとき
$m+n=2(k+l+1)$
（あるいは反例：$m=3$, $n=5$）
(3) $m=2k$, $n=2l$ のとき　$mn=2(2kl)$
(4) $m=2k+1$, $n=2l+1$ のとき
$mn=2(2kl+k+l)+1$]

142 (1) 偽　(2) 偽　(3) 偽　(4) 偽
[反例は (1) $x=-1$, $y=-1$
(2) $x=3$, $y=0$
(3) $x=3$, $y=-1$
(4) $x=2$, $y=0$]

143 (1) 偽　(2) 真
[(1) 反例：$n=6$
(2) $n^2+n=n(n+1)$　n と $n+1$ のどちらかは
2 の倍数であるから n^2+n は 2 の倍数。
n は 3 の倍数であるから n^2+n は 3 の倍数]

144 (1) 十分条件であるが必要条件ではない
(2) 必要条件でも十分条件でもない
(3) 十分条件であるが必要条件ではない
(4) 必要条件であるが十分条件ではない
(5) 必要十分条件である

145 (1) 必要十分条件　(2) 必要条件
(3) 十分条件

146 ①と④, ⑤と⑦, ⑥と⑧

147 (1) 十分条件　(2) 必要十分条件
(3) 必要条件
[(3) $p\Longrightarrow q$ は成り立たない。
反例：$x=\sqrt{2}+1$, $y=-\sqrt{2}$]

148 (1) 十分条件　(2) 必要条件
(3) いずれでもない　(4) 必要十分条件

149 (1) 否定：ある実数 x について $(x+3)^2=0$；
もとの命題 (偽)，否定の命題 (真)

(2) 否定：すべての自然数 n について n^2+1 は
偶数；もとの命題 (真)，否定の命題 (偽)

150 (1) 逆：$(x-2)(x-3)=0 \Longrightarrow x=2$ (偽)
対偶：$(x-2)(x-3) \neq 0 \Longrightarrow x \neq 2$ (真)

(2) 逆：$x \neq 2 \Longrightarrow (x-2)(x-3) \neq 0$ (偽)
対偶：$x=2 \Longrightarrow (x-2)(x-3)=0$ (真)

(3) 逆：「$x=2$ または $x=3$」$\Longrightarrow$
$(x-2)(x-3)=0$ (真)
対偶：「$x \neq 2$ かつ $x \neq 3$」$\Longrightarrow$
$(x-2)(x-3) \neq 0$ (真)

151 (1) もとの命題は真；
逆：ひし形は正方形である (偽)
対偶：ひし形でなければ正方形でない (真)
裏：正方形でなければひし形でない (偽)

(2) もとの命題は偽；
逆：6 の倍数は 3 の倍数である (真)
対偶：6 の倍数でなければ，3 の倍数でない
(偽)
裏：3 の倍数でなければ 6 の倍数でない (真)

152 [(1) 対偶：「$x \leqq 3$ かつ $y \leqq 2$」$\Longrightarrow$
$x+y \leqq 5$ (2) 対偶：$y=1 \Longrightarrow y^2=y$]

153 [それぞれを有理数 r に等しいと仮定する
と (1) $\sqrt{3}=r-1$ (2) $\sqrt{3}=\dfrac{r}{2}$

(3) $\sqrt{3}=\dfrac{3}{2}r\left(\text{または } \sqrt{3}=\dfrac{2}{r}\right)$

となり，$\sqrt{3}$ が無理数であることに矛盾]

154 (1) もとの命題は真；
逆：$xy>0 \Longrightarrow$「$x>0$ かつ $y>0$」(偽)
対偶：$xy \leqq 0 \Longrightarrow$「$x \leqq 0$ または $y \leqq 0$」(真)
裏：「$x \leqq 0$ または $y \leqq 0$」$\Longrightarrow xy \leqq 0$ (偽)

(2) もとの命題は真；
逆：「$x=3$ または $y=6$」$\Longrightarrow$
$(x-3)(y-6)=0$ (真)
対偶：「$x \neq 3$ かつ $y \neq 6$」$\Longrightarrow$
$(x-3)(y-6) \neq 0$ (真)
裏：$(x-3)(y-6) \neq 0 \Longrightarrow$
「$x \neq 3$ かつ $y \neq 6$」(真)

155 [(1) 対偶：「$a=0$ または $b=0$」$\Longrightarrow ab \neq 1$
(2) 対偶：「$a \leqq 0$ かつ $b \leqq 0$」$\Longrightarrow a+b \neq 1$]

156 (1) 対偶：n が奇数ならば，n^3+1 は偶数
である。
奇数 n は整数 k を用いて $n=2k+1$ と表される。
$n^3+1=(2k+1)^3+1=2(4k^3+6k^2+3k+1)$

(2) 対偶：m が 3 の倍数でないならば
$2m \neq 3n$
ある整数 k に対して
[1] $m=3k+1$ ならば
$2m=2(3k+1)=3(2k)+2 \neq 3n$
[2] $m=3k+2$ ならば
$2m=2(3k+2)=3(2k+1)+1 \neq 3n$

(3) 対偶：m, n が 3 の倍数でないならば，
mn は 3 の倍数でない。
ある整数 k, l に対して
[1] $m=3k+1$, $n=3l+1$ ならば
$mn=3(3kl+k+l)+1$ 以下同様に
[2] $m=3k+1$, $n=3l+2$
[3] $m=3k+2$, $n=3l+1$
[4] $m=3k+2$, $n=3l+2$ を調べる]

157 [(1) $\sqrt{5}$ が無理数でないと仮定すると
$\sqrt{5}=\dfrac{a}{b}$ (a, b は 1 以外に公約数をもたない自
然数) と表される。よって $a=\sqrt{5}\,b$
$a^2=5b^2$ から a^2 は 5 の倍数。
このとき a も 5 の倍数 (問題 163(2) 参照)。
$a=5p$ (p は自然数) と表され $5p^2=b^2$
ゆえに，b も 5 の倍数。これは矛盾。

(2) $\sqrt{3}+\sqrt{15}=r$ (r は有理数) と仮定する。
両辺を 2 乗すると $18+6\sqrt{5}=r^2$
よって $\sqrt{5}=\dfrac{r^2-18}{6}$ となり，$\sqrt{5}$ が無理数で
あることに矛盾]

158 (2) (ア) $p=3$, $q=-2$ (イ) $p=0$, $q=0$
[(1) まず，$b \neq 0$ とすると $u=-\dfrac{a}{b}$ (矛盾)
よって $b=0$
$b=0$ ならば，$a+bu=0$ から $a=0$
(2) (ア) $p-3=0$, $q+2=0$
(イ) 与式から $p+3q+(p-2q)\sqrt{5}=0$
よって $p+3q=0$, $p-2q=0$]

159 (1) (ア) $\{x \mid x \leqq -4, \ 4 \leqq x\}$
(イ) $\{x \mid x \leqq -4, \ -3 \leqq x\}$
(ウ) $\{x \mid 4 \leqq x \leqq 5\}$
(2) $2<k \leqq 4$
[(2) $A \subset C$ となるための条件は
$k-7 \leqq -3$ かつ $k+3>5$]

160 [$6n \in B$ (n は整数) とすると
$6n=3 \cdot 2n \in A$]

161 [(1) $a \in A$ ならば $a = 5x + 3y$ (x, y は整数) と表される。

$5x + 3y$ は整数であるから　$a \in B$

(2) $1 = 5 \cdot (-1) + 3 \cdot 2$

(3) $x \in B$ とする。(2) から

$x = \{5 \cdot (-1) + 3 \cdot 2\}x = 5 \cdot (-x) + 3 \cdot 2x$

$-x$, $2x$ は整数であるから　$x \in A$

よって　$B \subset A$]

162 (1)　十分条件　(2)　必要条件

[(1) $p \Longrightarrow q$ (真);

$q \Longrightarrow p$ (偽)　反例:$x = -1$

(2) $q \Longrightarrow p$ (真);

$p \Longrightarrow q$ (偽)　反例:$x = \dfrac{1}{2}$, $y = 4$]

163 (1)　偽　(2)　真　(3)　偽　(4)　真　(5)　偽

[(1)　反例:$n = 6$

(2)　背理法で考える。

n が 5 の倍数でないとすると

$n = 5k + r$ (k は整数, $r = 1, 2, 3, 4$)

$n^2 = (5k + r)^2 = 5(5k^2 + 2kr) + r^2$

r^2 は 5 の倍数とならないから, n^2 は 5 の倍数ではない, 矛盾。

(3)　反例:$a = 2\sqrt{5}$

(4)　対偶:a が有理数ならば a^2 は有理数である。これは真。

(5)　反例:$a = \sqrt{2}$]

164 [($\Longrightarrow$) $a - 1 > 0$, $b - 1 > 0$ から。

($\Longleftarrow$) $(a - 1)(b - 1) > 0$ から $a - 1$ と $b - 1$ は同符号。更に $(a - 1) + (b - 1) > 0$ から $a - 1 > 0$, $b - 1 > 0$]

165 [a と b の少なくとも一方が 3 の倍数でないとすると, ある整数 h, k に対して

$a = 3h + p$, $b = 3k + q$ (p, $q = 0, 1, 2$

ただし $p = q = 0$ の場合を除く)

$a^2 + b^2$ を計算すると, $3l$ (l は整数) の形には表されないから, 矛盾]

166 (1)　$f(0) = 2$, $f(-1) = -1$, $f(2) = 8$, $f(a + 2) = 3a + 8$

(2)　$f(0) = -3$, $f(-1) = -5$, $f(2) = -5$, $f(a + 2) = -a^2 - 3a - 5$

167 (1)　$y = 10x$ $(x > 0)$

(2)　$y = x(5 - x)$ $(0 < x < 5)$

(3)　$y = \dfrac{10}{x}$ $(x > 0)$

(4)　y は x の関数ではない

168 (1)　第 1 象限　(2)　第 4 象限

(3)　第 3 象限　(4)　第 2 象限

169 [図]

170 (1)　[図], $-3 \leqq y < 7$　(2)　[図], $y < -7$

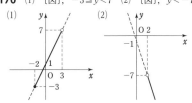

171 (1)　$x = 3$ で最大値 4, $x = -1$ で最小値 0

(2)　$x = 0$ で最大値 -2, $x = 1$ で最小値 -4

(3)　$x = -2$ で最大値 6, 最小値はない

(4)　$x = -2$ で最小値 -2, 最大値はない

172 (1)　[図];$x = 2$ で最大値 1, 最小値はない

(2)　[図];$x = 1$ で最小値 1, 最大値はない

173 (1), (2)　[図]

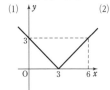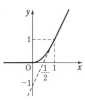

174 (1)　$a = 2$, $b = -1$　(2)　$a = -1$, $b = 7$

(3)　$a = 0$, $b = 6$　(4)　$a = 2$, $b = 5$

[(3)は増加関数, (4)は減少関数であることに注意する。

条件から　(3)　$a + 2 = 2$, $b + 2 = 8$

(4)　$-3 \cdot (-2) + a = 8$, $-3b + a = -13$]

175　$a = 1$, $b = 0$

176　$a = \dfrac{3}{2}$, $b = -2$ または $a = -\dfrac{3}{2}$, $b = 1$

[$a > 0$ のとき $b = -2$, $2a + b = 1$;

$a = 0$ のとき　不適;

$a < 0$ のとき $b = 1$, $2a + b = -2$]

177 (1) ［図］，下に凸 (1)
(2) ［図］，上に凸
(3) ［図］，下に凸

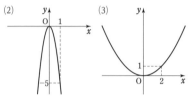

178 ［図］，軸，頂点の順に
(1) ［図］，直線 $x=0$, 点 $(0, 0)$
(2) ［図］，直線 $x=0$, 点 $(0, -3)$
(3) ［図］，直線 $x=1$, 点 $(1, -3)$
(4) ［図］，直線 $x=0$, 点 $(0, 0)$
(5) ［図］，直線 $x=-3$, 点 $(-3, 0)$
(6) ［図］，直線 $x=-3$, 点 $(-3, 1)$

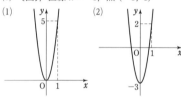

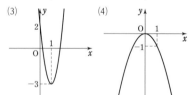

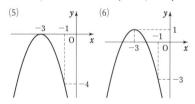

179 (1) $(x+2)^2-4$ (2) $2(x-2)^2-7$
(3) $-3(x+1)^2+6$ (4) $\frac{1}{2}(x-1)^2+\frac{5}{2}$
(5) $\left(x+\frac{3}{2}\right)^2-\frac{17}{4}$ (6) $-2\left(x-\frac{3}{2}\right)^2+\frac{7}{2}$

180 ［図］，軸，頂点の順に
(1) ［図］，直線 $x=1$, 点 $(1, -3)$
(2) ［図］，直線 $x=-2$, 点 $(-2, -9)$
(3) ［図］，直線 $x=2$, 点 $(2, 0)$
(4) ［図］，直線 $x=-3$, 点 $\left(-3, -\frac{3}{2}\right)$
(5) ［図］，直線 $x=-1$, 点 $\left(-1, \frac{1}{2}\right)$
(6) ［図］，直線 $x=-\frac{3}{4}$, 点 $\left(-\frac{3}{4}, -\frac{25}{8}\right)$

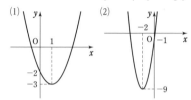

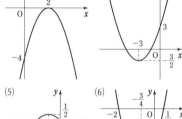

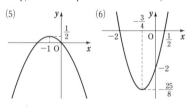

181 ［図］，軸，頂点の順に
(1) ［図］，直線 $x=1$, 点 $(1, -2)$
(2) ［図］，直線 $x=-1$, 点 $(-1, -1)$

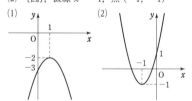

182 (ア) (2)と(6)
(イ) (1)と(3), (2)と(6), (4)と(5)
［(ア) x^2 の係数が等しいものを選ぶ。
(イ) x^2 の係数の絶対値が等しいものを選ぶ］

183 $a=-\dfrac{3}{2}$, $b=-\dfrac{9}{8}$

$\left[\dfrac{1}{2}x^2+ax+b=\dfrac{1}{2}(x+a)^2-\dfrac{a^2}{2}+b\right]$

184 (1) $k=4$　(2) $k=2$

[頂点は点 $(-2,\ k-4)$

(1) x 軸上 $\Longleftrightarrow$ y 座標が 0

(2) $-2=k-4$]

185 (1) $a<0$　(2) $b>0$　(3) $c>0$

(4) $a+b+c>0$　(5) $4a+2b+c<0$

(6) $a-b+c<0$　(7) $a+b+1>0$

[(1) 上に凸であるから $a<0$

(2) 軸 $x=-\dfrac{b}{2a}>0$, $a<0$ であるから $b>0$

(3) y 軸との交点から $c>0$

(4) $f(x)=ax^2+bx+c$ とおくと, 図から

$f(1)>0$　(5) $f(2)<0$　(6) $f(-1)<0$

(7) $c<1$ であるから

$f(1)=a+b+c<a+b+1$]

186 (1) $(5,\ 2)$, $(1,\ 8)$

(2) $(1,\ -1)$, $(-3,\ 5)$

(3) $(-1,\ -7)$, $(-5,\ -1)$

(4) $(3,\ -4)$, $(-1,\ 2)$

187 (1) $y=3(x-2)^2+3$ $(y=3x^2-12x+15)$

(2) (ア) x 軸方向に 1, y 軸方向に 2 だけ平行移動

(イ) x 軸方向に $\dfrac{1}{6}$, y 軸方向に $\dfrac{13}{12}$ だけ平行移動

188 x 軸, y 軸, 原点の順に

(1) $(3,\ -5)$, $(-3,\ 5)$, $(-3,\ -5)$

(2) $(-2,\ -3)$, $(2,\ 3)$, $(2,\ -3)$

(3) $(4,\ 3)$, $(-4,\ -3)$, $(-4,\ 3)$

(4) $(-1,\ 4)$, $(1,\ -4)$, $(1,\ 4)$

189 (1) $(8,\ -10)$

(2) $y=-2(x-3)^2-2$ $(y=-2x^2+12x-20)$

190 (1) $y=-2(x-2)^2+3$ $(y=-2x^2+8x-5)$

(2) $y=(x-2)^2+3$ $(y=x^2-4x+7)$

(3) $y=\dfrac{1}{3}(x-2)^2+3$ $\left(y=\dfrac{1}{3}x^2-\dfrac{4}{3}x+\dfrac{13}{3}\right)$

191 (1) $y=(x+1)^2-1$ $(y=x^2+2x)$

(2) $y=3x+15$

[(1) $y-4=(x+3)^2-4(x+3)-1$

別解　頂点 $(2,\ -5)$ は点 $(-1,\ -1)$ に移動.

(2) $y-4=3(x+3)+2$]

192 x 軸方向に -3, y 軸方向に 2 だけ平行移動したもの

[頂点は点 $(1,\ 1)$ から点 $(-2,\ 3)$ に移る]

193 $y=2(x+3)^2+1$ $(y=2x^2+12x+19)$

[(ア) もとの放物線の頂点は点 $(3,\ 1)$

対称移動後の頂点は点 $(-3,\ 1)$

よって $y=2(x+3)^2+1$

(イ) $x\longrightarrow -x$ から $y=2(-x-3)^2+1$]

194 x 軸, y 軸, 原点の順に

(1) $y=-2x-3$, $y=-2x+3$, $y=2x-3$

(2) $y=-x^2+1$, $y=x^2-1$, $y=-x^2+1$

(3) $y=2x^2-x$, $y=-2x^2-x$, $y=2x^2+x$

195 $y=-2x^2-9x-9$

[$y=2x^2-3x+1$ を x 軸に関して対称移動した後, x 軸方向に -3, y 軸方向に 1 だけ平行移動]

196 (1) $x=0$ で最小値 5, 最大値はない

(2) $x=0$ で最大値 -2, 最小値はない

(3) $x=-2$ で最小値 1, 最大値はない

(4) $x=1$ で最小値 2, 最大値はない

(5) $x=-1$ で最大値 7, 最小値はない

(6) $x=\dfrac{5}{2}$ で最大値 $\dfrac{29}{4}$, 最小値はない

197 (1) $x=3$ で最大値 9, $x=0$ で最小値 0

(2) $x=3$ で最大値 12, $x=1$ で最小値 0

(3) $x=2$ で最大値 2；$x=0$, 4 で最小値 -2

(4) $x=1$ で最大値 -2, $x=-1$ で最小値 -14

198 (1) $x=-1$ で最大値 3, 最小値はない

(2) $x=2$ で最大値 13, 最小値はない

(3) $x=\dfrac{1}{2}$ で最小値 $-\dfrac{27}{4}$, 最大値はない

(4) $x=1$ で最小値 1, 最大値はない

199 (1) $a=-2$　(2) $a=1$　(3) $a=2$

(4) $a=-8$

200 (1) $x=-2$ で最小値 1, 最大値はない

(2) $x=3$ で最大値 3, $x=1$ で最小値 -1

(3) $x=-\dfrac{1}{3}$ で最大値 $\dfrac{13}{3}$, 最小値はない

201 (1) [1] $x=0$ で最小値 $2a^2$

[2] $x=a$ で最小値 a^2

[3] $x=2$ で最小値 $2a^2-4a+4$

(2) [1] $x=2$ で最大値 $2a^2-4a+4$

[2] $x=0$, 2 で最大値 2

[3] $x=0$ で最大値 $2a^2$

202 (1) $a<0$ のとき $x=0$ で最大値 $-a$,

　　 $0 \leqq a \leqq 1$ のとき $x=3a$ で最大値 $9a^2-a$,

　　 $1<a$ のとき $x=3$ で最大値 $17a-9$

(2) $a<\dfrac{1}{2}$ のとき $x=3$ で最小値 $17a-9$;

　　 $a=\dfrac{1}{2}$ のとき $x=0$, 3 で最小値 $-\dfrac{1}{2}$;

　　 $\dfrac{1}{2}<a$ のとき $x=0$ で最小値 $-a$

$[y=-(x-3a)^2+9a^2-a$

(1) 軸が定義域の左外, 定義域内, 定義域の右外で場合分け.

(2) 軸が定義域の中央より左, 中央, 中央より右で場合分け]

203 (1) $m=-k^2+k$

(2) $k=\dfrac{1}{2}$ で最大値 $\dfrac{1}{4}$

$[y=(x-k)^2-k^2+k]$

204 $m<-3$

$[0 \leqq x \leqq 3$ における最大値が負となればよい]

205 (1) $0<a \leqq 2$ のとき $x=a$ で最小値

　　 a^2-4a+5,

　　 $a>2$ のとき $x=2$ で最小値 1

(2) $0<a<4$ のとき $x=0$ で最大値 5;

　　 $a=4$ のとき $x=0$, 4 で最大値 5;

　　 $4<a$ のとき $x=a$ で最大値 a^2-4a+5

206 $0<a<3$ のとき

$M(a)=-a^2+6a$,

$a \geqq 3$ のとき

$M(a)=9$,

[図]

207 (1) $a<0$ のとき $x=a+1$ で最小値 a^2,

　　 $0 \leqq a \leqq 1$ のとき $x=1$ で最小値 0,

　　 $1<a$ のとき $x=a$ で最小値 a^2-2a+1

(2) $a<\dfrac{1}{2}$ のとき $x=a$ で最大値 a^2-2a+1;

　　 $a=\dfrac{1}{2}$ のとき $x=\dfrac{1}{2}$, $\dfrac{3}{2}$ で最大値 $\dfrac{1}{4}$;

　　 $\dfrac{1}{2}<a$ のとき $x=a+1$ で最大値 a^2

208 (1) $M(a)=\begin{cases} a^2+4a+1 & (a \leqq -3) \\ a^2+8a+13 & (a>-3) \end{cases}$, [図]

(2) $m(a)=\begin{cases} a^2+8a+13 & (a<-4) \\ -3 & (-4 \leqq a \leqq -2) \\ a^2+4a+1 & (a>-2) \end{cases}$, [図]

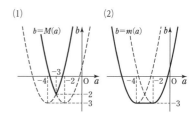

209 $n=-2$ で最大値 22

[まず, n を実数として, $f(n)$ のグラフを考える. $f(n)=-3\left(n+\dfrac{7}{3}\right)^2+\dfrac{67}{3}$

n は整数であるから $n=-2$ と $n=-3$ のうち,

軸 $n=-\dfrac{7}{3}$ に近い値で最大となる]

210 (1) $x=\dfrac{3}{4}$, $y=\dfrac{3}{2}$ で最大値 $\dfrac{9}{8}$

(2) $x=6$, $y=0$ で最大値 36;

　　 $x=\dfrac{6}{5}$, $y=\dfrac{12}{5}$ で最小値 $\dfrac{36}{5}$

$[(1)$ $y=3-2x$ から

$xy=-2x^2+3x=-2\left(x-\dfrac{3}{4}\right)^2+\dfrac{9}{8}$

(2) $x=6-2y \geqq 0$, $y \geqq 0$ から $0 \leqq y \leqq 3$

$x^2+y^2=5y^2-24y+36=5\left(y-\dfrac{12}{5}\right)^2+\dfrac{36}{5}]$

211 (1) $S=-3x^2+6x$ $(0<x<2)$

(2) $P(1, 3)$ のとき最大値 $S=3$

(3) $P\left(\dfrac{9}{5}, \dfrac{3}{5}\right)$ のとき最小値 $l=\dfrac{3\sqrt{10}}{5}$

$[(1)$ $S=xy=x(6-3x)$

$y=6-3x>0$ から $0<x<2$

(2) $S=-3(x-1)^2+3$

(3) $l>0$ であるから, l^2 が最小となるとき l も最小である. したがって, l^2 を考えると

$l^2=x^2+y^2=x^2+(6-3x)^2=10\left(x-\dfrac{9}{5}\right)^2+\dfrac{18}{5}]$

212 1辺が 5 cm の正方形

[縦の長さを x cm とすると, 面積は

$x(10-x)=-(x-5)^2+25$ (cm²)]

213 125 円

[売値を x 円値上げしたときの 1 日の売り上げ金額を y 円とすると $y=(100+x)(300-2x)]$

214 (1) $x=0$ で最大値 3, 最小値はない

(2) $x=1$ で最小値 7, 最大値はない

［おき換えて考える。
(1) $x^2=t$ とおくと　$y=-2(t+1)^2+5$ $(t\geqq 0)$
(2) $x^2-2x=t$ とおくと
$y=(t+2)^2+6$ $(t\geqq -1)$］

215 (1) $a=2$　(2) $a=0$, $b=4$

216 (1) $y=-(x-2)^2+3$ $(y=-x^2+4x-1)$
(2) $y=2(x-2)^2-4$ $(y=2x^2-8x+4)$

217 (1) $y=(x+1)^2+3$ $(y=x^2+2x+4)$
(2) $y=(x+2)^2-1$ $(y=x^2+4x+3)$

218 (1) $a=3$, $b=4$, $c=3$
(2) $a=-\dfrac{1}{2}$, $b=\dfrac{3}{2}$, $c=1$

219 (1) $y=x^2-2x-3$　(2) $y=2x^2-3x-4$
［$y=ax^2+bx+c$ とおく］

220 (1) $y=-2(x-2)^2+1$ $(y=-2x^2+8x-7)$
(2) $y=-2(x+1)^2+8$ $(y=-2x^2-4x+6)$
(3) $y=-\dfrac{1}{2}x^2-x+\dfrac{5}{2}$

221 (1) $y=-2x^2-3x+1$
(2) $y=-2x^2-4x-2$, $y=-2x^2+12x-18$
［2次関数のグラフは平行移動しても2次の係数は変わらない。
(1) $y=-2x^2+bx+c$　(2) $y=-2(x+k)^2$］

222 $a=-2$, $b=1$

223 $a=-2$, $b=1$ または $a=1$, $b=1$
［点 $(0, 1)$ を通るから　$b=1$
よって，$y=-(x-2a)^2+4a^2+1$ となり，頂点は点 $(2a, 4a^2+1)$］

224 $y=(x-1)^2+3$ $(y=x^2-2x+4)$
［頂点が直線 $y=2x+1$ 上にあるから，頂点の座標を (p, q) とすると　$q=2p+1$］

225 (1) $x=\pm 3$　(2) $x=1$, 3
(3) $x=-4$, $-\dfrac{3}{2}$　(4) $x=2$, $-\dfrac{3}{5}$

226 (1) $x=\pm \dfrac{3}{2}$　(2) $x=2\pm\sqrt{3}$
(3) $x=3\pm 2\sqrt{2}$　(4) $x=\dfrac{5\pm\sqrt{13}}{2}$

227 (1) $x=1\pm\sqrt{3}$　(2) $x=\dfrac{2\pm\sqrt{14}}{5}$
(3) $x=-\sqrt{5}$　(4) $x=1+\sqrt{3}$, $\dfrac{\sqrt{3}-3}{3}$
$\left[(4)\ \ x=\dfrac{2\pm\sqrt{4+2\sqrt{3}}}{\sqrt{3}}=\dfrac{2\pm(\sqrt{3}+1)}{\sqrt{3}}\right]$

228 (1) $x=\dfrac{1\pm\sqrt{17}}{2}$　(2) $x=-3$, $-\dfrac{1}{2}$
(3) $x=4$, $-\dfrac{3}{2}$　(4) $x=\dfrac{15\pm\sqrt{177}}{4}$
［(1) 式を整理すると　$x^2-x-4=0$
(2) $x+2=X$ とおくと　$2X^2-X-3=0$
よって　$(X+1)(2X-3)=0$
(3) 両辺を 10 倍して係数を整数にする。
(4) 両辺に係数の分母の最小公倍数である 6 を掛けて係数を整数にすると　$2x^2-15x+6=0$］

229 (1) $a=-5$
(2) $k=0$ のとき，他の解は $x=4$
　　$k=-3$ のとき，他の解は $x=-5$
［(1) $x=2$ を $x^2+ax+6=0$ に代入。
(2) $x=-1$ を $x^2-3(k+1)x+k^2-4=0$ に代入すると　$k^2+3k=0$　よって　$k=0$, -3
$k=0$ のとき　$(x+1)(x-4)=0$
$k=-3$ のとき　$(x+1)(x+5)=0$］

230 (1) $x=1$, $-\dfrac{3}{2}$　(2) $k=-3$, 6
［(1) (ア) $(x-1)(2x+3)=0$
(イ) $x^2+\dfrac{1}{2}x-\dfrac{3}{2}=0$ から
$\left(x+\dfrac{1}{4}\right)^2=\dfrac{3}{2}+\left(\dfrac{1}{4}\right)^2$
(ウ) $x=\dfrac{-1\pm\sqrt{1^2-4\cdot 2\cdot(-3)}}{2\cdot 2}$
(2) $2\cdot 3^2+k\cdot 3-k^2=0$］

231 (1) $a=-2$, $b=-3$　(2) $a=4$, $b=-12$
［(1) x に -1, 3 を代入すると
$1-a+b=0$, $9+3a+b=0$
(2) x に 2 を代入する］

232 $\dfrac{39+17\sqrt{5}}{2}$
［$\alpha^2-3\alpha+1=0$ から　$\alpha^2=3\alpha-1$
$\alpha^3=\alpha\cdot\alpha^2=\alpha(3\alpha-1)=3\alpha^2-\alpha=3(3\alpha-1)-\alpha$
$=8\alpha-3$, $3\alpha^2=3(3\alpha-1)=9\alpha-3$
よって　$\alpha^3+3\alpha^2=17\alpha-6$
$\alpha=\dfrac{3+\sqrt{5}}{2}$ を代入］

233 $m=-9$, 共通な解は $x=4$
［共通な解を α とすると
$\alpha^2+(m+3)\alpha+8=0$, $\alpha^2+5\alpha+4m=0$
辺々を引くと　$(m-2)(\alpha-4)=0$］

234 (1) $a \neq \pm 1$ のとき $x=1$, $\dfrac{1}{a-1}$

$a=1$ のとき $x=1$

$a=-1$ のとき すべての実数

(2) $a \neq 0$, $b^2-4ac \geqq 0$ のとき

$$x = \dfrac{-b \pm \sqrt{b^2-4ac}}{2a}$$

$a \neq 0$, $b^2-4ac < 0$ のとき 実数解はない

$a=0$, $b \neq 0$ のとき $x=-\dfrac{c}{b}$

$a=0$, $b=0$, $c \neq 0$ のとき 実数解はない

$a=0$, $b=0$, $c=0$ のとき すべての実数

[(1) $(a+1)\{(a-1)x-1\}(x-1)=0$

(2) まず, $a \neq 0$, $a=0$ に分けて考える。

$a=0$ のとき, $b \neq 0$, $b=0$ に分ける。

$a=0$, $b=0$ のとき, $c \neq 0$, $c=0$ に分ける]

235 (1) 2個 (2) 0個 (3) 1個

(4) 2個 (5) 0個 (6) 1個

236 (1) $a<5$ (2) $a>\dfrac{9}{8}$ (3) $a \leqq 4$

237 (1) $k=8$, $x=-2$

(2) $k=-3$ のとき $x=\dfrac{1}{2}$,

$k=5$ のとき $x=-\dfrac{1}{2}$

[(1) $D=0$ から $8^2-4 \cdot 2 \cdot k=0$

よって $k=8$ このとき

$2x^2+8x+8=2(x+2)^2=0$ から $x=-2$

別解 重解は $x=-\dfrac{b}{2a}=-\dfrac{8}{2 \cdot 2}=-2$

(2) $D=0$ から $k=-3$, 5

$k=-3$ のとき $(2x-1)^2=0$

$k=5$ のとき $(2x+1)^2=0$

別解 重解は $x=-\dfrac{b}{2a}=-\dfrac{k-1}{8}$]

238 4, 5, 6

239 (1) (ア) 2個 (イ) 1個

(2) (ア) $a \leqq \dfrac{9}{4}$ (イ) $a=\dfrac{9}{4}$, $x=-\dfrac{3}{2}$

240 (1) $a<\dfrac{9}{8}$ のとき 2個,

$a=\dfrac{9}{8}$ のとき 1個, $a>\dfrac{9}{8}$ のとき 0個

(2) $a>-\dfrac{1}{2}$ のとき 2個,

$a=-\dfrac{1}{2}$ のとき 1個, $a<-\dfrac{1}{2}$ のとき 0個

(3) $a<0$, $0<a<\dfrac{1}{4}$ のとき 2個;

$a=0$, $\dfrac{1}{4}$ のとき 1個;

$a>\dfrac{1}{4}$ のとき 0個

(4) $a=2$ のとき 1個, $a \neq 2$ のとき 2個

[(3) $a=0$ のとき $x+1=0$ (実数解は 1個)

$a \neq 0$ のときは例題 29 参照。

(4) 判別式から求めてもよいが, 本問では, 2

解が具体的に求められるので, それを利用する。

$x=-a+1$, $-2a+3$

$-a+1=-2a+3$ のとき重解]

241 [$D=(2a)^2-4(a^2-4) \cdot 1=16>0$]

242 $k=8$, $x=-\dfrac{1}{2}$

[$D=k(k-8)=0$, $k \neq 0$]

243 900 m²

[もとの花壇の 1 辺の長さを x m とすると

$(x-3)(x-5)=\dfrac{3}{4}x^2$ $(x>5)$]

244 縦 15 cm, 横 10 cm

[横の長さを x cm とすると縦の長さは

$(x+5)$ cm であるから

$(x-6)(x+5-6) \times 3=108$]

245 (1) $\left(\dfrac{1}{2}, 0\right)$ (2) $(-1, 0)$, $(5, 0)$

(3) $(-3, 0)$, $(3, 0)$ (4) $(-2, 0)$, $\left(-\dfrac{4}{3}, 0\right)$

(5) $\left(\dfrac{5+\sqrt{17}}{4}, 0\right)$, $\left(\dfrac{5-\sqrt{17}}{4}, 0\right)$ (6) $\left(\dfrac{5}{2}, 0\right)$

246 (1) 1個 (2) 0個 (3) 2個

(4) 2個 (5) 1個 (6) 0個

247 (1) $k<\dfrac{25}{4}$ (2) $k \geqq -\dfrac{1}{16}$

[(1) $D=5^2-4 \cdot 1 \cdot k>0$

(2) $D=3^2-4 \cdot 2 \cdot(-2k+1) \geqq 0$]

248 (1) $m=-2$ のとき $(1, 0)$,

$m=6$ のとき $(-3, 0)$

(2) $m=-1$, 2 のとき $(\sqrt{2}, 0)$

[(1) $D=m^2-4(m+3)=0$

(2) $D=(-2\sqrt{2})^2-4(m^2-m)=0$]

249 (1) 2個 ; $(-2, 0)$, $(3, 0)$

(2) 1個, $(3, 0)$ (3) 0個

250 $y=-2(x+3)(x-2)$ $(y=-2x^2-2x+12)$

[$y=k(x+3)(x-2)$ のグラフが点 $(1, 8)$ を通

るから $8=k \cdot 4 \cdot(-1)$]

251 (1) 9　(2) $\dfrac{\sqrt{65}}{2}$

252 $m<\dfrac{1}{4}$ のとき 2 個, $m=\dfrac{1}{4}$ のとき 1 個,

$m>\dfrac{1}{4}$ のとき 0 個

[$D=1-4m$ の符号によって場合分け（例題 30 参照）]

253 (1) $(1,\ 1)$, $(2,\ 4)$　(2) $(-2,\ -3)$

(3) $(-6,\ -15)$, $(2,\ 1)$

(4) 共有点をもたない

[(1) 連立方程式 $y=x^2$, $y=3x-2$ を解く。

$x^2=3x-2$ の解が共有点の x 座標]

254 (1) $(2,\ 2)$, $\left(-\dfrac{1}{2},\ -\dfrac{7}{4}\right)$　(2) $\left(\dfrac{1}{2},\ \dfrac{3}{4}\right)$

[(1) 連立方程式 $y=x^2-2$, $y=-x^2+3x$ を解く。$x^2-2=-x^2+3x$ の解が共有点の x 座標]

255 (1) $m=4$　(2) $m>\dfrac{61}{4}$

[(1) $x^2-3x+m=x$ から $x^2-4x+m=0$ について，条件より　$D=(-4)^2-4m=0$]

256 (1) $x>3$　(2) $x\leqq\dfrac{5}{2}$　(3) $x<-1,\ 2<x$

[(1) $y=x-3$

(2) $y=2x-5$

(3) $y=(x+1)(x-2)$

のグラフにおいて

(1) $y>0$, (2) $y\leqq0$,

(3) $y>0$ の部分を調べる［図］]

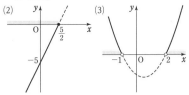

257 (1) $-2<x<3$　(2) $x<0,\ \dfrac{1}{3}<x$

(3) $-\dfrac{3}{2}\leqq x\leqq\dfrac{4}{3}$　(4) $-2<x<2$

(5) $x<1,\ 2<x$　(6) $x\leqq-3,\ -\dfrac{3}{2}\leqq x$

(7) $\dfrac{4}{3}<x<2$

(8) $x\leqq\dfrac{\sqrt{7}-\sqrt{19}}{6},\ \dfrac{\sqrt{7}+\sqrt{19}}{6}\leqq x$

(9) $-4\leqq x\leqq6$

258 (1) 4 以外のすべての実数

(2) すべての実数　(3) 解はない　(4) $x=4$

(5) 解はない　(6) $x=\dfrac{1}{3}$　(7) すべての実数

(8) 解はない　(9) 解はない

259 (1) $1<x<4$　(2) $-2<x\leqq0,\ 1\leqq x<3$

(3) $-\dfrac{3}{2}<x\leqq1,\ \dfrac{3}{2}\leqq x<2$

260 4 cm 以上 5 cm 以下

261 (1) $\dfrac{3-\sqrt{13}}{2}<x<\dfrac{3+\sqrt{13}}{2}$

(2) -2 以外のすべての実数

(3) 解はない　(4) $-4<x\leqq-3$

262 (1) $x=1$　(2) $x=1,\ 2$

263 (1) $b=1$, $c=-2$　(2) $a=1$, $c=-3$

(3) $a=-\dfrac{1}{2}$, $b=-\dfrac{1}{2}$

[2 次関数のグラフ　(1) で考える]

(2)　　　　　　　(3)

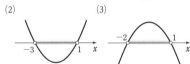

264 $x\leqq\dfrac{4}{5},\ 1\leqq x$

265 (1) $a<-2$ のとき $a<x<-2$,

$a=-2$ のとき 解はない,

$-2<a$ のとき $-2<x<a$

(2) $a<1$ のとき $x<a,\ 1<x$；

$a=1$ のとき 1 以外のすべての実数；

$1<a$ のとき $x<1,\ a<x$

[(1) -2 と a の大小関係によって場合分け。

(2) $(x-a)(x-1)>0$　a と 1 の大小関係によって場合分け]

266 $0\leqq a<1,\ 5<a\leqq6$

[$(x-a)(x-3)<0$　a と 3 の大小関係によって場合分け。数直線を利用する]

267 (1) $m<0,\ 4<m$　(2) $\dfrac{1}{2}<m<1$

(3) $-2\sqrt{3}<m<2\sqrt{3}$　(4) $-1<m<11$

[(1) $D>0$　(2) $D<0$　(3) $D<0$

(4) $D<0$]

268 (1) $k<-8$, $4<k$ のとき 2 個；
$k=-8$, 4 のとき 1 個；
$-8<k<4$ のとき 0 個
(2) $k \neq 2$ のとき 2 個, $k=2$ のとき 1 個
[(1) $D=(k-4)(k+8)$ (2) $D=(k-2)^2$]

269 $m \leqq -2$ [$D_1 \geqq 0$ かつ $D_2 \geqq 0$]

270 (1) $a \leqq -2$, $8 \leqq a$ (2) $a \leqq 0$, $3 \leqq a$
(3) $-2<a \leqq 0$, $3 \leqq a<8$
[(1) $D_1 \geqq 0$ かつ $D_2 \geqq 0$
(2) $D_1 \geqq 0$ または $D_2 \geqq 0$
(3) $D_1 \geqq 0$ か $D_2 \geqq 0$ の一方だけが成り立つ]

271 (1) $m<-2\sqrt{3}$ (2) $2\sqrt{3}<m<4$
$\left[(1)\ D>0,\ 軸：0<-\dfrac{m}{2},\ f(0)>0\right.$
$\left.(2)\ D>0,\ 軸：-\dfrac{m}{2}<-1,\ f(-1)>0\right]$

272 $-\dfrac{24}{7}<k<4-2\sqrt{3}$
$\left[D>0,\ 軸：-2<-\dfrac{k}{2}<5,\right.$
$\left. f(-2)>0,\ f(5)>0\right]$

273 (1) (ア) $m \geqq 0$ (イ) $m \geqq 1$
(2) (ア) $m \geqq 30$ (イ) $m \geqq 16$
[不等式の左辺を $f(x)$ とする。
(1) (ア) $f(0) \geqq 0$ (イ) $f(1) \geqq 0$
(2) (ア) $f(-3) \geqq 0$ (イ) $f(4) \geqq 0$]

274 $m \geqq -1$
[$-m<0$ のとき $f(0) \geqq 0$,
$0 \leqq -m \leqq 2$ のとき $f(-m) \geqq 0$,
$2<-m$ のとき $f(2) \geqq 0$]

275 (1) $-\dfrac{14}{5}<k<-\dfrac{2}{3}$ (2) $k<\dfrac{1}{2}$
[(1) $f(-3)>0$, $f(-1)<0$, $f(2)<0$,
$f(4)>0$ (2) $f(1)<0$]

276 $1<k<\dfrac{3}{2}$
[$f(x)=2kx^2-(k+2)x-5$ とすると
$f(-1)f(0)<0$, $f(2)f(3)<0$]

277 [$f(x)=x(x-1)+(x-1)(x-2)+(x-2)x$
とすると $f(0)>0$, $f(1)<0$, $f(2)>0$]

278 (1) $-3 \leqq a \leqq -1$ (2) $a \leqq -6$, $2 \leqq a$
[$(x+1)(x-2)<0$ から $-1<x<2$
(1) $(x-a)(x-a-5)<0$ から $a<x<a+5$
条件を満たすのは, $-1<x<2$ が
$a<x<a+5$ に含まれるときで,
$a \leqq -1$ かつ $2 \leqq a+5$

(2) $(x-a)(x-a-5)>0$ から $x<a$ または
$a+5<x$ 条件を満たすのは, $-1<x<2$ が
$x<a$ または $a+5<x$ に含まれるときで,
$2 \leqq a$ または $a+5 \leqq -1$]

279 (1) $a \leqq -\dfrac{21}{16}$ (2) $a \geqq -\dfrac{\sqrt{5}}{2}$
[$x^2-6x+8 \leqq 0$ から $2 \leqq x \leqq 4$
(1) $2 \leqq x \leqq 4$ が $x^2+4ax+5 \leqq 0$ の解に含まれれ
ばよい]

280 (1) $x=0$, $y=1$ で最大値 4；
$x=0$, $y=-1$ で最小値 -4
(2) $x=1$, $y=0$ で最大値 3；
$x=-\dfrac{1}{2}$, $y=\pm\dfrac{\sqrt{3}}{2}$ で最小値 $-\dfrac{3}{2}$
[(1) $x^2=1-y^2 \geqq 0$ から $-1 \leqq y \leqq 1$
$x^2+4y=(1-y^2)+4y=-(y-2)^2+5$
(2) $y^2=1-x^2 \geqq 0$ から $-1 \leqq x \leqq 1$
$x^2-y^2+2x=2\left(x+\dfrac{1}{2}\right)^2-\dfrac{3}{2}$]

281 (1) $m=y^2-6y+10$
(2) $y=3$ で最小値 1
(3) $x=6$, $y=3$ で最小値 1
[(1) $P=(x-2y)^2+y^2-6y+10$]

282 (1)～(3) [図] (1)

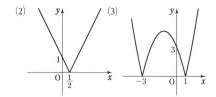

(2) (3)

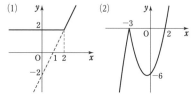

283 (1), (2) [図]

(1)

(2)

284 (1), (2) [図]

(1)
(2)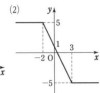

285 (1) $x<2$, $6<x$　(2) $x<-4$, $-1<x$
[次の 2 つのグラフの上下関係に着目]

(1)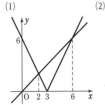
(2)

286 (1) [図]

(2) $a<0$ のとき 0 個，
　$a=0$ のとき 2 個，
　$0<a<4$ のとき 4 個，
　$a=4$ のとき 3 個，
　$a>4$ のとき 2 個

[(2) 与えられた方程
式の実数解の個数は，(1)で求めたグラフと直線
$y=a$ の共有点の個数と一致する]

287 $0<m<6$
$\Big[y=\Big(x-\dfrac{m}{2}\Big)^2-\dfrac{m^2}{4}+m+3$ から頂点は
点 $\Big(\dfrac{m}{2},\ -\dfrac{m^2}{4}+m+3\Big)$
条件から $\dfrac{m}{2}>0$ かつ $-\dfrac{m^2}{4}+m+3>0\Big]$

288 (1) $a=1$, $b=2$ または $a=-1$, $b=4$
(2) $a=2$, $b=-2$ または $a=4$, $b=10$
[(1) $y=a(x+1)^2-a+b$
$a>0$ のとき $3a+b=5$, $-a+b=1$
$a<0$ のとき $-a+b=5$, $3a+b=1$
(2) $y=(x-a)^2+b-a^2$ $(0\leqq x\leqq 6)$ から $a<0$,
$0\leqq a\leqq 3$, $3<a\leqq 6$, $6<a$ で場合分け]

289 (1) $0<a<1$ のとき $M(a)=-a^2+2a+1$,
　$a\geqq 1$ のとき $M(a)=2$, [図]
(2) $0<a<1$ のとき $M(a)=a+1$,
　$a\geqq 1$ のとき $M(a)=\dfrac{1}{4}a^2+\dfrac{1}{2}a+\dfrac{5}{4}$, [図]

[軸と区間の位置関係で場合分け。
(1) $y=-(x-1)^2+2$ $(=f(x))$ から
$0<a<1$ のとき $M(a)=f(a)$
$a\geqq 1$ のとき $M(a)=f(1)$
(2) $y=-\Big(x-\dfrac{a+1}{2}\Big)^2+\dfrac{a^2+2a+5}{4}$ $(=f(x))$
から，$\dfrac{a+1}{2}>a$ のとき $M(a)=f(a)$
$\dfrac{a+1}{2}\leqq a$ のとき $M(a)=f\Big(\dfrac{a+1}{2}\Big)\Big]$

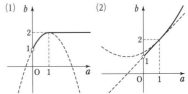

290 $a=-4$
[(1) $(x-3)(x+a+1)=0$ から $x=3$, $-a-1$
よって $3=-a-1$
(2) $D=(a-2)^2+12(a+1)=(a+4)^2=0$]

291 $k\leqq -1$, $2<k$
[「$k^2-1>0$ かつ $(k+1)^2-3(k^2-1)<0$」
または「$k^2-1=0$ かつ $2(k+1)=0$」]

292 (1) $-2<m<6$　(2) $-2<m<2$
[(1) $f(x)-g(x)=2x^2+(m-2)x+2>0$
この式が常に成り立つから $D<0$
(2) $f(x)=\Big(x+\dfrac{m}{2}\Big)^2+2-\dfrac{m^2}{4}$
$g(x)=-(x-1)^2+1$
よって $2-\dfrac{m^2}{4}>1$]

293 (1) $a>\dfrac{4}{7}$　(2) $a<0$, $\dfrac{1}{4}\leqq a$
[(1) [1] 2 つの解がともに $x>1$ のとき
$D\geqq 0$, 軸 $a>1$, $f(1)>0$
[2] 1 つの解が $x>1$, 他の解が
$x<1$ のとき $f(1)<0$
[3] 1 つの解が $x>1$, 他の解が
$x=1$ のとき $f(1)=0$
このとき $x>1$ の解があるかを確認する。
(2) 2 つの解を α, β $(\alpha\leqq\beta)$ とすると
$0<\alpha\leqq\beta<1$, $\alpha<0<\beta<1$, $0<\alpha<1<\beta$,
$\alpha=0<\beta<1$, $0<\alpha<\beta=1$]

294 (1) $\sin\alpha=\dfrac{8}{17}$, $\cos\alpha=\dfrac{15}{17}$, $\tan\alpha=\dfrac{8}{15}$;

$\sin\beta=\dfrac{15}{17}$, $\cos\beta=\dfrac{8}{17}$, $\tan\beta=\dfrac{15}{8}$

(2) $\sin\alpha=\dfrac{\sqrt{7}}{4}$, $\cos\alpha=\dfrac{3}{4}$, $\tan\alpha=\dfrac{\sqrt{7}}{3}$;

$\sin\beta=\dfrac{3}{4}$, $\cos\beta=\dfrac{\sqrt{7}}{4}$, $\tan\beta=\dfrac{3}{\sqrt{7}}$

(3) $\sin\alpha=\dfrac{1}{\sqrt{2}}$, $\cos\alpha=\dfrac{1}{\sqrt{2}}$, $\tan\alpha=1$;

$\sin\beta=\dfrac{1}{\sqrt{2}}$, $\cos\beta=\dfrac{1}{\sqrt{2}}$, $\tan\beta=1$

[(2) $BC=\sqrt{7}$ (3) $AB=3\sqrt{2}$]

295 (1) $x=0.5736$ (2) $x=0.1736$
(3) $x=1.8807$ (4) $\theta\fallingdotseq14°$ (5) $\theta\fallingdotseq26°$
(6) $\theta\fallingdotseq76°$
[(5) 三角比の表で 0.9 に近い方の角を選ぶ]

296 (1) $BC=3\sqrt{3}$, $CA=3$
(2) $AB=2\sqrt{2}$, $CA=2$

297 約 86 m $\left[\dfrac{40}{\tan25°}\ m\right]$

298 $x\fallingdotseq4.5$ (m) $[x=20\sin13°]$

299 (1) $BD=20$, $CD=5$

(2) $\cos\theta=\dfrac{2}{\sqrt{5}}$

[(1) $BD=x$ とすると $CD=25-x$
△ABD∽△CAD から $BD:AD=AD:CD$
よって $x(25-x)=10^2$, $BD>CD$
(2) $AB=\sqrt{AD^2+BD^2}=10\sqrt{5}$]

300 $25(3+\sqrt{3})$ m
[例題 40 参照。塔のある地点をCとする。
$PC=x$ とすると $BC=\dfrac{x}{\sqrt{3}}$
$AC=PC$ であるから $50+\dfrac{x}{\sqrt{3}}=x$
よって $x=\dfrac{50\sqrt{3}}{\sqrt{3}-1}=\dfrac{50\sqrt{3}\,(\sqrt{3}+1)}{(\sqrt{3}-1)(\sqrt{3}+1)}$]

301 75 m
[$OA=\sqrt{AB^2-OB^2}=25\sqrt{3}$,
$OP=OA\tan60°$]

302 約 3 m
[図から $20\cos30°\sin10°$]

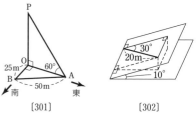

[301]　　　　　　　　　[302]

303 16 m
[$PQ=x$ とすると $AQ=PQ=x$, $BQ=\sqrt{3}\,x$
△ABQ は直角三角形であるから
$x^2+(\sqrt{3}\,x)^2=32^2$]

304 (1) $\cos\theta=\dfrac{3}{5}$, $\tan\theta=\dfrac{4}{3}$

(2) $\sin\theta=\dfrac{12}{13}$, $\tan\theta=\dfrac{12}{5}$

(3) $\sin\theta=\dfrac{3}{\sqrt{10}}$, $\cos\theta=\dfrac{1}{\sqrt{10}}$

[(1) $\cos\theta>0$ から $\cos\theta=\sqrt{1-\sin^2\theta}$,
$\tan\theta=\dfrac{\sin\theta}{\cos\theta}$ (3) $1+\tan^2\theta=\dfrac{1}{\cos^2\theta}$ から
$\cos\theta$ を求める。$\sin\theta=\tan\theta\cos\theta$]

305 (1) $\cos10°$ (2) $\sin40°$ (3) $\dfrac{1}{\tan28°}$

306 (1) 1 (2) 1 (3) 1 (4) -1
[(2) $\sin65°=\sin(90°-25°)=\cos25°$
(3) $\cos70°=\cos(90°-20°)=\sin20°$,
$\sin70°=\sin(90°-20°)=\cos20°$

(4) $\tan75°=\tan(90°-15°)=\dfrac{1}{\tan15°}$

よって （与式）$=\tan^2 15°-\dfrac{1}{\cos^2 15°}$

一般に, $1+\tan^2\theta=\dfrac{1}{\cos^2\theta}$ から

$\tan^2\theta-\dfrac{1}{\cos^2\theta}=-1$]

307 [$A+B+C=180°$ から $\dfrac{B+C}{2}=90°-\dfrac{A}{2}$

$\cos\dfrac{B+C}{2}=\cos\left(90°-\dfrac{A}{2}\right)=\sin\dfrac{A}{2}$,

$\sin\dfrac{B+C}{2}=\sin\left(90°-\dfrac{A}{2}\right)=\cos\dfrac{A}{2}$ から

（左辺）$=\sin^2\dfrac{A}{2}+\cos^2\dfrac{A}{2}=1$]

308 (1) 2 (2) 0

[(1) $(\sin\theta+\cos\theta)^2$
$=\sin^2\theta+\cos^2\theta+2\sin\theta\cos\theta$
$=1+2\sin\theta\cos\theta$
$(\sin\theta-\cos\theta)^2=1-2\sin\theta\cos\theta$

(2) $(1-\sin\theta)(1+\sin\theta)=1-\sin^2\theta=\cos^2\theta$
$1+\tan^2\theta=\dfrac{1}{\cos^2\theta}$ から $\dfrac{1}{1+\tan^2\theta}=\cos^2\theta$]

309 (1) $\cos\theta=\dfrac{2\sqrt{2}}{3}$, $\tan\theta=\dfrac{\sqrt{2}}{4}$

(2) $\sin\theta=\dfrac{\sqrt{30}}{6}$, $\cos\theta=\dfrac{1}{\sqrt{6}}$ (3) 1

[(1) 問題 304 (1) 参照 (2) 問題 304 (3) 参照
(3) 問題 306 (2) 参照]

310

θ	0°	30°	45°	60°	90°
$\sin\theta$	0	$\dfrac{1}{2}$	$\dfrac{1}{\sqrt{2}}$	$\dfrac{\sqrt{3}}{2}$	1
$\cos\theta$	1	$\dfrac{\sqrt{3}}{2}$	$\dfrac{1}{\sqrt{2}}$	$\dfrac{1}{2}$	0
$\tan\theta$	0	$\dfrac{1}{\sqrt{3}}$	1	$\sqrt{3}$	

120°	135°	150°	180°
$\dfrac{\sqrt{3}}{2}$	$\dfrac{1}{\sqrt{2}}$	$\dfrac{1}{2}$	0
$-\dfrac{1}{2}$	$-\dfrac{1}{\sqrt{2}}$	$-\dfrac{\sqrt{3}}{2}$	-1
$-\sqrt{3}$	-1	$-\dfrac{1}{\sqrt{3}}$	0

311 (1) 鋭角 (2) 鈍角 (3) 鋭角

312 (1) $\sin24°$ (2) $-\cos24°$ (3) $-\tan24°$

(4) $\cos20°$ (5) $-\sin3°$ (6) $-\dfrac{1}{\tan27°}$

313 (1) 順に 0.8192, -0.5736, -1.4281
(2) 順に 0.2588, -0.3907, -7.1154

314 (1) $\dfrac{\sqrt{3}-3\sqrt{2}}{6}$ (2) 0

[(2) 三角比の公式を利用して小さい角の三角
比で表してみる。
$\sin110°=\sin(180°-70°)=\sin70°$
$=\sin(90°-20°)=\cos20°$,
$\cos160°=\cos(180°-20°)=-\cos20°$,
$\tan170°=\tan(180°-10°)=-\tan10°$]

315 (1) $\theta\fallingdotseq11°$, $169°$ (2) $-\sin40°$

[(1) 三角比の表から $\theta\fallingdotseq11°$
$0°\leqq\theta\leqq180°$ から $180°-11°=169°$ も解。
(2) $\cos130°=\cos(180°-50°)=-\cos50°$
$=-\cos(90°-40°)=-\sin40°$]

316 (1) $\theta=45°$, $135°$ (2) $\theta=60°$
(3) $\theta=135°$ (4) $\theta=30°$, $150°$
(5) $\theta=150°$ (6) $\theta=30°$ [参考図参照]

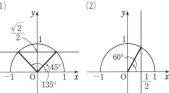

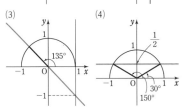

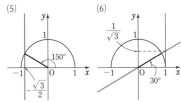

317 (1) $\cos\theta=\dfrac{\sqrt{21}}{5}$, $\tan\theta=\dfrac{2\sqrt{21}}{21}$;
$\cos\theta=-\dfrac{\sqrt{21}}{5}$, $\tan\theta=-\dfrac{2\sqrt{21}}{21}$

(2) $\sin\theta=\dfrac{5}{13}$, $\tan\theta=-\dfrac{5}{12}$

(3) $\sin\theta=\dfrac{3\sqrt{10}}{10}$, $\cos\theta=-\dfrac{\sqrt{10}}{10}$

[(1) $\cos\theta=\pm\sqrt{1-\sin^2\theta}$, $\tan\theta=\dfrac{\sin\theta}{\cos\theta}$

(3) $1+\tan^2\theta=\dfrac{1}{\cos^2\theta}$ から $\cos\theta$ を求める。
$\sin\theta=\tan\theta\cos\theta$
問題 304 (鋭角の場合) と比較]

318 (1) 30° (2) 135° (3) 60°

319 (1) 1 (2) $-\sqrt{3}$ (3) -1

320 (1) $\cos\theta=\dfrac{12}{13}$, $\tan\theta=\dfrac{5}{12}$;

$\cos\theta=-\dfrac{12}{13}$, $\tan\theta=-\dfrac{5}{12}$ (2) $150°$

[(1) 問題 317(1) 参照。

(2) $y=-\dfrac{1}{\sqrt{3}}x+\dfrac{1}{\sqrt{3}}$]

321 (1) $3\leqq\sin\theta+3\leqq4$

(2) $-6\leqq4\cos\theta-2\leqq2$

(3) $0\leqq-2\cos\theta+1\leqq1+\sqrt{3}$

(4) $-2\leqq\sqrt{3}\tan\theta-3<0$

[(3) $60°\leqq\theta\leqq150°$ のとき $-\dfrac{\sqrt{3}}{2}\leqq\cos\theta\leqq\dfrac{1}{2}$

(4) $30°\leqq\theta<60°$ のとき $\dfrac{1}{\sqrt{3}}\leqq\tan\theta<\sqrt{3}$]

322 (1) $15°$ (2) $75°$

[(1) $60°-45°$ (2) $180°-(135°-30°)$]

323 [(1) (左辺)$=\tan^2\theta\cdot\cos^2\theta$

(2) (左辺)$=\dfrac{\sin\theta\cos\theta\cdot\cos\theta}{(1+\sin\theta)\sin\theta}=\dfrac{\cos^2\theta}{1+\sin\theta}$

$=\dfrac{1-\sin^2\theta}{1+\sin\theta}$

(3) (左辺)$=\sin^2\theta+4\sin\theta\cos\theta+4\cos^2\theta$

$+4\sin^2\theta-4\sin\theta\cos\theta+\cos^2\theta$

$=5(\sin^2\theta+\cos^2\theta)$]

324 (1) $\dfrac{1}{2}$ (2) 0

[(1) $(\sin\theta+\cos\theta)^2=2$ から

$(\sin^2\theta+\cos^2\theta)+2\sin\theta\cos\theta=2$

(2) $(\sin\theta-\cos\theta)^2$

$=\sin^2\theta-2\sin\theta\cos\theta+\cos^2\theta$

これと(1)を利用]

325 (1) $-\dfrac{3}{8}$ (2) $\dfrac{11}{16}$ (3) $\dfrac{\sqrt{7}}{2}$

[(3) まず,$(\sin\theta-\cos\theta)^2$ を計算する。

(1)から $\sin\theta\cos\theta<0$

よって,$\sin\theta>0$,$\cos\theta<0$ であるから

$\sin\theta-\cos\theta>0$]

326 (1) $0°\leqq\theta\leqq30°$,

$150°\leqq\theta\leqq180°$

(2) $0°\leqq\theta<135°$

(3) $30°\leqq\theta<90°$

[参考図参照]

327 (1) $b=3\sqrt{6}$ (2) $B=30°$ (3) $b=4\sqrt{2}$

(4) $R=\dfrac{7\sqrt{2}}{2}$ (5) $a=4\sqrt{2}$

(6) $B=60°$, $120°$ (7) $R=6$

(8) $C=30°$, $150°$

328 (1) $a=2$ (2) $c=\sqrt{34}$ (3) $B=135°$

(4) $C=60°$ (5) $c=1$, 3 (6) $a=-2+2\sqrt{3}$

329 (1) 鈍角三角形 (2) 鋭角三角形

(3) 直角三角形

[(1) $11^2>4^2+9^2$ (2) $12^2<9^2+10^2$

(3) $10^2=6^2+8^2$]

330 (1) $A=30°$ (2) $A=60°$, $120°$

(3) $c=2\sqrt{7}$ (4) $C=60°$

331 (1) $c=2$, $A=30°$, $B=105°$

(2) $b=4\sqrt{3}$, $A=30°$, $C=90°$

(3) $A=45°$, $B=60°$, $C=75°$

(4) $b=10\sqrt{3}$, $c=10$, $C=30°$

332 $10\sqrt{6}$ m

[$\angle BAC=180°-(75°+45°)=60°$ から

$\dfrac{AB}{\sin45°}=\dfrac{30}{\sin60°}$]

333 (1) $c=3$, $B=30°$, $C=30°$

(2) $A=30°$, $B=135°$, $C=15°$

334 (1) $2\sqrt{19}$ (2) $\dfrac{7\sqrt{19}}{38}$ (3) $\sqrt{7}$

[(1) 余弦定理により

$BC^2=6^2+4^2-2\cdot6\cdot4\cos120°$

(2) (1)の結果と余弦定理により

$\cos B=\dfrac{4^2+(2\sqrt{19})^2-6^2}{2\cdot4\cdot2\sqrt{19}}$

(3) (2)の結果と余弦定理により

$AM^2=4^2+(\sqrt{19})^2-2\cdot4\cdot\sqrt{19}\cos B$]

335 $AM=\sqrt{21}$, $AD=\sqrt{31}$

[$\cos B=\dfrac{7^2+8^2-5^2}{2\cdot7\cdot8}$

$BM=4$ から $AM^2=7^2+4^2-2\cdot7\cdot4\cos B$

$BD=2$ から $AD^2=7^2+2^2-2\cdot7\cdot2\cos B$]

336 $\Big[$(1)　$\sin A=\dfrac{a}{2R}$ など正弦定理を利用。

(2)　$\cos B=\dfrac{c^2+a^2-b^2}{2ca}$ など余弦定理を利用$\Big]$

337 $[$余弦定理により，$\angle C$ が鈍角のとき
$a^2+b^2<c^2$　正弦定理により
$a=2R\sin A$, $b=2R\sin B$, $c=2R\sin C]$

338 (1)　$a=3+\sqrt{3}$, $A=75°$, $B=45°$
(2)　$a=8$, $A=90°$, $C=60°$ ；
$\quad a=4$, $A=30°$, $C=120°$
$[$(2)　$b^2=c^2+a^2-2ca\cos B$ から
$16=48+a^2-12a$　よって　$a=4$, 8

別解　$\dfrac{b}{\sin B}=\dfrac{c}{\sin C}$ から

$\sin C=\dfrac{4\sqrt{3}\cdot\sin 30°}{4}=\dfrac{\sqrt{3}}{2}$

よって　$C=60°$ または $C=120°]$

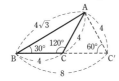

339 (1)　$\dfrac{\sqrt{3}}{2}$　$[$(2)　(1) より $B=60°$, $120°$

$B=60°$ のとき，$C=75°$ となるが，$c<a<b$ より B が最大の角であるから，不適である$]$

340 (1)　$2:3:4$
(2)　$A=30°$, $B=60°$, $C=90°$, $1:\sqrt{3}:2$
(3)　$120°$
$[$(1)　正弦定理により
$a:b:c=\sin A:\sin B:\sin C$

(2)　$A=\dfrac{1}{1+2+3}\times180°$

B, C についても同様。
(3)　$b+c=4k$, $c+a=5k$, $a+b=6k\ (k\neq0)$ と

おくと　$a+b+c=\dfrac{15}{2}k$

$a=\dfrac{7}{2}k$, $b=\dfrac{5}{2}k$, $c=\dfrac{3}{2}k$　余弦定理を利用$]$

341　$C=120°$
$[\sin A:\sin B:\sin C$

$=\dfrac{a}{2R}:\dfrac{b}{2R}:\dfrac{c}{2R}=a:b:c$ から

$a=3k$, $b=5k$, $c=7k\ (k>0)$ とおける。
$\angle C$ が最も大きい角であり

$\cos C=\dfrac{(3k)^2+(5k)^2-(7k)^2}{2\cdot3k\cdot5k}=-\dfrac{1}{2}]$

342 (1)　$C=90°$ の直角三角形
(2)　$AB=AC$ の二等辺三角形
(3)　$AC=BC$ の二等辺三角形
(4)　$A=90°$ または $B=90°$ の直角三角形
$[$正弦定理，余弦定理を利用して，
$\sin A$ 等，$\cos A$ 等を a, b, c, R で表す。

(1)　$\sin A=\dfrac{a}{2R}$ 等から　$a^2+b^2=c^2$

(2)　$\sin B=\dfrac{b}{2R}$, $\cos A=\dfrac{a^2+b^2-c^2}{2ab}$ 等から

$\dfrac{b}{2R}\cdot\dfrac{a^2+b^2-c^2}{2ab}=\dfrac{c}{2R}\cdot\dfrac{c^2+a^2-b^2}{2ca}$

(3)　$\cos B=\dfrac{c^2+a^2-b^2}{2ca}$ から

$c=2a\cdot\dfrac{c^2+a^2-b^2}{2ca}$

(4)　$\cos A=\dfrac{b^2+c^2-a^2}{2bc}$ 等から

$a\cdot\dfrac{b^2+c^2-a^2}{2bc}+b\cdot\dfrac{c^2+a^2-b^2}{2ca}=c\cdot\dfrac{a^2+b^2-c^2}{2ab}$

両辺に $2abc$ を掛けて整理すると
$(a^2-b^2-c^2)(a^2-b^2+c^2)=0]$

343 (1)　$14\sqrt{2}$　(2)　$5\sqrt{3}$　(3)　$\dfrac{15\sqrt{7}}{4}$

(4)　$6\sqrt{10}$　(5)　$25\sqrt{3}$　(6)　$\sqrt{3}-1$

$\Big[$(3)　$\cos C=\dfrac{4^2+5^2-6^2}{2\cdot4\cdot5}$　$S=\dfrac{1}{2}ab\sin C$

(5)　$\triangle ABC$ は 1 辺の長さが 10 の正三角形。
(6)　$C=45°]$

344　$\dfrac{9\sqrt{3}}{4}$

345 (1)　$\dfrac{16}{3}$　(2)　$60°$, $120°$

346 (1)　$3\sqrt{3}$　(2)　$\sqrt{13}$　(3)　$\dfrac{6\sqrt{39}}{13}$

$[$(2)　余弦定理を用いる。

(3)　$S=\dfrac{1}{2}BC\cdot AH$ から　$3\sqrt{3}=\dfrac{1}{2}\sqrt{13}\,AH]$

347 (1)　$24\sqrt{3}$　(2)　$S=8n\sin\dfrac{360°}{n}$

348 (1)　$R=\dfrac{7\sqrt{3}}{3}$　(2)　$r=\dfrac{\sqrt{3}}{2}$

$[$例題 44 参照$]$

349 (1)　7　(2)　$-\dfrac{1}{5}$　(3)　$\dfrac{15\sqrt{3}}{4}+4\sqrt{6}$

$\Big[$(3)　$\sin C=\sqrt{1-\cos^2 C}=\dfrac{2\sqrt{6}}{5}$

(四角形 $ABCD$)$=\triangle ABD+\triangle BCD]$

350 (1) $10\sqrt{2}$　(2) $80\sqrt{3}$

351 (1) $\sqrt{39}$　(2) $\sqrt{13}$　(3) $\dfrac{35\sqrt{3}}{4}$

$\Big[$(1)　$\angle B=180°-\angle D$　(2)　$R=\dfrac{AC}{2\sin B}\Big]$

352 (1) $\sqrt{10}$　(2) $\sqrt{2}$　(3) 7

[(2)　△ACD に余弦定理を適用する。

$\angle D=180°-\angle B$]

353 (1) $\dfrac{7}{2}$　(2) $\dfrac{7\sqrt{15}}{4}$　(3) $1:3$

[(1), (2)　例題 45 参照。

(3)　BE : ED=△ABC : △ACD

$=\dfrac{1}{2}\cdot 2\cdot 2\sin B : \dfrac{1}{2}\cdot 3\cdot 4\sin(180°-B)\Big]$

354 (1) 64　(2) 56　(3) $\dfrac{24}{7}$

355 (1) $\dfrac{\sqrt{6}}{6}$　(2) $\dfrac{\sqrt{11}}{2}$　(3) $\dfrac{\sqrt{66}}{11}$

356 (1) $\dfrac{\sqrt{21}}{3}$　(2) $\dfrac{2\sqrt{15}}{3}$　(3) $\dfrac{3\sqrt{3}}{2}$

(4) $\sqrt{5}$

[H は △ABC の外接円の中心。

(1)　正弦定理により　$\dfrac{\sqrt{7}}{\sin\angle ABC}=2AH$

余弦定理により

$\cos\angle ABC=\dfrac{2^2+3^2-(\sqrt{7})^2}{2\cdot 2\cdot 3}$

(2)　$PH^2=PA^2-AH^2$

(3)　$\triangle ABC=\dfrac{1}{2}\cdot 2\cdot 3\cdot \sin\angle ABC$

(4)　(四面体 PABC)$=\dfrac{1}{3}\triangle ABC\cdot PH\Big]$

357 50 m

[△PBH において　BH=PH=50

△PAH において　AH=$\sqrt{3}$ PH=$50\sqrt{3}$

△ABH において，余弦定理により

$AB^2=50^2+(50\sqrt{3})^2-2\cdot 50\cdot 50\sqrt{3}\cos 30°$]

358 $100\sqrt{6}$ m

[△ABC において　∠ACB=60°

正弦定理により　$\dfrac{AC}{\sin 45°}=\dfrac{600}{\sin 60°}$

よって　AC=$200\sqrt{6}$

△CAH において　CH=$\dfrac{1}{2}$AC]

359 (1) $\triangle AFC=\dfrac{7}{2}$, $\triangle BAF=\dfrac{3}{2}$,

$\triangle BFC=3$, $\triangle BAC=1$

(2) 1　(3) $\dfrac{1}{3}$

[(1)　AC=$\sqrt{5}$，AF=$\sqrt{10}$，FC=$\sqrt{13}$

$\cos\angle CAF=\dfrac{(\sqrt{5})^2+(\sqrt{10})^2-(\sqrt{13})^2}{2\cdot\sqrt{5}\cdot\sqrt{10}}$

$\triangle AFC=\dfrac{1}{2}AF\cdot AC\sin\angle CAF$

また，$\triangle BAF=\dfrac{1}{2}BA\cdot BF$,

$\triangle BFC=\dfrac{1}{2}BF\cdot BC$, $\triangle BAC=\dfrac{1}{2}BA\cdot BC$

(2)　(四面体 BAFC の体積)

$=\dfrac{1}{3}\times\Big(\dfrac{1}{2}BA\cdot BF\Big)\times BC$

(3)　(四面体 BAFC の体積)

$=\dfrac{1}{3}\times$(内接する球の半径)

$\times$(四面体 BAFC の表面積)]

360 (1) $\dfrac{2\sqrt{2}}{3}$

(2) $\dfrac{1+\sqrt{2}-\sqrt{3}}{2}$

[(1)　P から底面

ABC に下ろした垂線と底面 ABC の交点を H

とすると，H は △ABC の外心。

△ABC は ∠B=90° の直角三角形であるから，

H は辺 AC の中点であり　AH=$\sqrt{3}$

PH=$\sqrt{PA^2-AH^2}=1$

(三角錐 PABC)$=\dfrac{1}{3}\triangle ABC\cdot PH$

(2)　$\triangle ABC=2\sqrt{2}$ (∠ABC=90°)

$\triangle PAB=2$ (∠APB=90°)

$\triangle PBC=\sqrt{3}$ (∠BPC=60°)

$\triangle PCA=\sqrt{3}$ $\Big(\cos\angle APC=-\dfrac{1}{2}\Big)$

三角錐 PABC に内接する球の半径を r とする

と　$\dfrac{1}{3}r(2+\sqrt{3}+\sqrt{3}+2\sqrt{2})=\dfrac{2\sqrt{2}}{3}\Big]$

361 $\dfrac{28\sqrt{2}}{11}$

[△ABC=△ABD+△ADC

$\triangle ABC=\dfrac{1}{2}\cdot 4\cdot 7=14$

$\triangle ABD=\dfrac{1}{2}\cdot 7\cdot AD\sin 45°=\dfrac{7\sqrt{2}}{4}AD$

$\triangle ADC=\dfrac{1}{2}\cdot 4\cdot AD\sin 45°=\sqrt{2} AD\Big]$

362　$AD=3\sqrt{2}$,　$AM=\dfrac{\sqrt{79}}{2}$

$\Bigg[\cos B=\dfrac{4^2+5^2-6^2}{2\cdot4\cdot5}=\dfrac{1}{8}$

$BD:DC=AB:AC$ から　$BD=2$

$AD^2=4^2+2^2-2\cdot4\cdot2\cdot\dfrac{1}{8}$

$AM^2=4^2+\left(\dfrac{5}{2}\right)^2-2\cdot4\cdot\dfrac{5}{2}\cdot\dfrac{1}{8}\Bigg]$

363　(1) $10\sqrt{3}$　(2) $\dfrac{4\sqrt{6}}{9}$

[(1) △OPQ において，余弦定理により

$PQ=2\sqrt{13}$　同様に $QR=4\sqrt{3}$，$RP=2\sqrt{7}$

(2) 四面体 OPQR の内接球の半径を r とする

と　(四面体 OPQR)$=\dfrac{1}{3}\times r\times$(表面積)

$=$(正四面体 OABC)$\times\dfrac{1}{2}\times\dfrac{2}{3}\times\dfrac{1}{3}\Big]$

364　$\dfrac{1+\sqrt{5}}{4}$

[点Dから辺 AB に垂線を下ろす]

365　(1) $\dfrac{1+\sqrt{5}}{2}$　(2) $\dfrac{\sqrt{5}-1}{4}$

[(1)　∠ABF$=36°$]

366　(1) $\theta=60°$　(2) $\theta=30°$, $90°$, $150°$

[(1) $(2\cos\theta-1)(2\cos\theta+3)=0$

$-1\leqq\cos\theta\leqq1$ であるから　$2\cos\theta+3\neq0$

(2) $(\sin\theta-1)(2\sin\theta-1)=0$]

367　(1) $45°<\theta<135°$　(2) $150°\leqq\theta\leqq180°$

[(1) $(2\sin\theta-\sqrt{2})(\sin\theta+\sqrt{2})>0$

$\sin\theta\geqq0$ であるから　$\sin\theta+\sqrt{2}>0$

(2) $(2\cos\theta+\sqrt{3})(\cos\theta+\sqrt{3})\leqq0$

$-1\leqq\cos\theta\leqq1$ であるから　$\cos\theta+\sqrt{3}>0$]

368　(1) $\theta=60°$

(2) $\theta=120°$ で最大値 4，$\theta=0°$ で最小値 -5

$\big[f(\theta)=-4\cos^2\theta-4\cos\theta+3$

$\cos\theta=x$ とおくと　$-1\leqq x\leqq1$

(1) $(2x-1)(2x+3)=0$

(2) $y=-4\left(x+\dfrac{1}{2}\right)^2+4\big]$

369　$0°\leqq\theta<45°$，$135°<\theta\leqq180°$

[判別式をDとすると　$D=64\cos^2\theta-32>0$

すなわち　$(\sqrt{2}\cos\theta+1)(\sqrt{2}\cos\theta-1)>0$]

370　$3\sqrt{3}+3$

[展開図は右の図の

ようになる。

$\cos\angle P'BA$

$=\dfrac{(3\sqrt{2})^2+6^2-(3\sqrt{2})^2}{2\cdot3\sqrt{2}\cdot6}$

$=\dfrac{1}{\sqrt{2}}$ から　∠P'BA$=45°$

$P'P''^2=(3\sqrt{2})^2+(3\sqrt{2})^2$

$\qquad-2\cdot3\sqrt{2}\cdot3\sqrt{2}\cos150°$]

371　$3\sqrt{3}$

[母線 PA に沿って切り

開くと，展開図は右の図

のようになる。

∠APA'$=\theta$ とすると扇

形の弧 AA' の長さは底

面の円周の長さに等しいから，

$2\pi\cdot3\cdot\dfrac{\theta}{360}=2\pi\cdot1$　最短距離 AA' は

$AA'=\sqrt{3^2+3^2-2\cdot3\cdot3\cos\theta}$

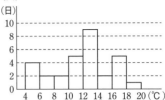

372　(1)

階級 (℃)	度数
4 以上 6 未満	4
6 ～ 8	2
8 ～ 10	2
10 ～ 12	5
12 ～ 14	9
14 ～ 16	2
16 ～ 18	5
18 ～ 20	1
計	30

(2) [図]

373　(1) 6.3 点　(2) 6.5 点　(3) 7 点

374　(1) 2.7 人　(2) 2 人　(3) 2.5 人

375　$a=84$，中央値 71 個

376　25 個

377 7 通り

[$a \leqq 60$, $a \geqq 66$, $61 \leqq a \leqq 65$ のときで場合分けする]

378 (1) 中央値 26 人, 平均値 26.4 人

(2) 誤 26 人, 正 24 人

379 A の範囲 6, B の範囲 15

B の方がデータの散らばりの度合いが大きいと考えられる。

380 第 1 四分位数, 第 2 四分位数, 第 3 四分位数の順に (1) 14.5, 28, 64.5

(2) 47, 70.5, 79

381 [図]

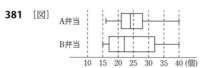

A 弁当のデータの最大値は外れ値である。

B 弁当のデータの最大値は外れ値ではない。

382 (1) [図]

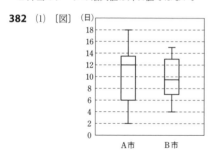

(2) A 市 (3) どちらも外れ値ではない。

383 (1) 数学 (2) 数学

(3) 最大 37 人, 最小 25 人 (4) 英語

[(3) 国語では, 第 3 四分位数が 60 点より大きく, 中央値が 60 点より小さいことに着目]

384 ②, ③

385 (1) 25 分 (2) 50 (3) 7.1 分

386 (1) 4.5 冊 (2) $\dfrac{117}{4}$

(3) $s^2 = 9$, $s = 3$ (冊)

387 (1) 256 (2) 256 (3) 16 点

388 40

$\left[\dfrac{1}{5}(1+5+a+13+19) = a+2 \right.$

よって $\left. a = 7 \right]$

389 (1) 6 (2) 13

390 平均値, 分散, 標準偏差の順に

(1) 27, 36, 6 (2) 75, 324, 18

(3) -45, 144, 12

391 平均値, 標準偏差の順に

(1) 2, 3 (2) 658, 21

392 ③

393 (1) [図], 正の相関関係がある

(2) [図], 負の相関関係がある

(1)　　　　　　　　(2)

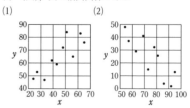

394 0.64

395 ① 0.03 ② -0.72 ③ 0.88

396 (1)

	合	否
A：有	80 %	20 %
A：無	40 %	60 %

(2) 教材 A

397 0.80

398 $r = 0.75$, 正の相関関係がある

$\left[r = \dfrac{164}{\sqrt{110 \times 440}} \right]$

399 (1) -0.86 (2) 大きくなる

400 X の方が支持者が多いと判断してよい

401 6 の目が出にくいと判断してよい

402 (1) 知名度が上がったと判断してよい

(2) 知名度が上がったとは判断できない

403 (1) $a = 46$, $b = 66$ (2) 50.5 点

[(1) $a+b = 112$, 度数分布表と得点の表から $40 \leqq a \leqq 49$, $60 \leqq b \leqq 69$ 数学の得点のデータの最小値は 40, 41 のいずれかである。

(2) $c+d = 101$, $40 \leqq c \leqq 49$, $50 \leqq d \leqq 59$

中央値は, 小さい方から 5 番目の値と 6 番目の値の平均値である。すなわち, $40 \sim 49$ の階級の最大値 M と $50 \sim 59$ の階級の最小値 m の平均値である。M の値は 48, 49 のいずれかである]

404 (1)　平均値 30 点，中央値 31 点

(2)　修正前 17.5 点，修正後 22.5 点

(3)　①

[(3)　修正前，修正後とも，散布図から正の相関関係があることがわかる。

よって　$r_1 > 0$，$r_2 > 0$

修正後の方が，散布図が右上がりの直線に沿って分布する傾向がより強くなる。

よって　$r_1 < r_2$]

405 (1)　13 mm

(2)　平均値は変化しない，分散は減少する

406 (1)　[図]，データの散らばりの度合いはほぼ同じであると考えられるが，B 地点の方が交通量が多い方に分布しているといえる

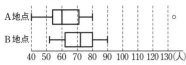

(2)　$M > M'$

407　②，⑤，⑦

408　順に　222，177

$[(a+b+c)^2 = (a^2+b^2+c^2)+2(ab+bc+ca)]$

409 (1)　10 回表：$\dfrac{1}{1024}$，9 回表：$\dfrac{5}{512}$

(2)　表が出やすいと判断してよい

総合問題（*p.* 98，99）の答と略解

1　100001 票以上

[当選に必要な最低得票数を x 票とする。仮に，当選した立候補者全員がこの最低得票数で当選したと考えて，x に関する 1 次不等式を作る]

2 (2)　(c)

(3)　（例1）(b) に注目すると

グループ I：①，②，③，④　$b<0$，

グループ II：⑤，⑥　$b>0$

（例2）(e) に注目すると

グループ I：①，④，⑤

$a+b+c>0$，

グループ II：②，⑥　$a+b+c=0$，

グループ III：③　$a+b+c<0$

[(1)　b^2-4ac は，2 次方程式 $ax^2+bx+c=0$ の判別式である。

判別式の符号と，グラフと x 軸の共有点の個数に注目してグループ分けしている。

(2)　c は，グラフと y 軸の交点の y 座標の値であり，この値が，グループ I は正，グループ II は負である]

3 (1)　(ア) 34　(イ) 49

(2)　ゴールしない

$\left[(1)\ \dfrac{10}{15} < \tan\alpha < \dfrac{10+7.5}{15}\right]$

(2)　ゴールラインを通過するときの，ボールの高さを調べる]

4　順に　①，④，②

[x のデータの平均値を $\bar{x}$，2 乗の平均値を $\overline{x^2}$ とすると，関数 $f(a)$ は

$f(a)=(a-\bar{x})^2+\overline{x^2}-(\bar{x})^2$ と表される。$g(a)$ については，$g(a)$ の傾きに着目して考える]

平方・立方・平方根の表

n	n^2	n^3	$\sqrt{n}$	$\sqrt{10n}$	n	n^2	n^3	$\sqrt{n}$	$\sqrt{10n}$
1	1	1	1.0000	3.1623	51	2601	132651	7.1414	22.5832
2	4	8	1.4142	4.4721	52	2704	140608	7.2111	22.8035
3	9	27	1.7321	5.4772	53	2809	148877	7.2801	23.0217
4	16	64	2.0000	6.3246	54	2916	157464	7.3485	23.2379
5	25	125	2.2361	7.0711	55	3025	166375	7.4162	23.4521
6	36	216	2.4495	7.7460	56	3136	175616	7.4833	23.6643
7	49	343	2.6458	8.3666	57	3249	185193	7.5498	23.8747
8	64	512	2.8284	8.9443	58	3364	195112	7.6158	24.0832
9	81	729	3.0000	9.4868	59	3481	205379	7.6811	24.2899
10	100	1000	3.1623	10.0000	60	3600	216000	7.7460	24.4949
11	121	1331	3.3166	10.4881	61	3721	226981	7.8102	24.6982
12	144	1728	3.4641	10.9545	62	3844	238328	7.8740	24.8998
13	169	2197	3.6056	11.4018	63	3969	250047	7.9373	25.0998
14	196	2744	3.7417	11.8322	64	4096	262144	8.0000	25.2982
15	225	3375	3.8730	12.2474	65	4225	274625	8.0623	25.4951
16	256	4096	4.0000	12.6491	66	4356	287496	8.1240	25.6905
17	289	4913	4.1231	13.0384	67	4489	300763	8.1854	25.8844
18	324	5832	4.2426	13.4164	68	4624	314432	8.2462	26.0768
19	361	6859	4.3589	13.7840	69	4761	328509	8.3066	26.2679
20	400	8000	4.4721	14.1421	70	4900	343000	8.3666	26.4575
21	441	9261	4.5826	14.4914	71	5041	357911	8.4261	26.6458
22	484	10648	4.6904	14.8324	72	5184	373248	8.4853	26.8328
23	529	12167	4.7958	15.1658	73	5329	389017	8.5440	27.0185
24	576	13824	4.8990	15.4919	74	5476	405224	8.6023	27.2029
25	625	15625	5.0000	15.8114	75	5625	421875	8.6603	27.3861
26	676	17576	5.0990	16.1245	76	5776	438976	8.7178	27.5681
27	729	19683	5.1962	16.4317	77	5929	456533	8.7750	27.7489
28	784	21952	5.2915	16.7332	78	6084	474552	8.8318	27.9285
29	841	24389	5.3852	17.0294	79	6241	493039	8.8882	28.1069
30	900	27000	5.4772	17.3205	80	6400	512000	8.9443	28.2843
31	961	29791	5.5678	17.6068	81	6561	531441	9.0000	28.4605
32	1024	32768	5.6569	17.8885	82	6724	551368	9.0554	28.6356
33	1089	35937	5.7446	18.1659	83	6889	571787	9.1104	28.8097
34	1156	39304	5.8310	18.4391	84	7056	592704	9.1652	28.9828
35	1225	42875	5.9161	18.7083	85	7225	614125	9.2195	29.1548
36	1296	46656	6.0000	18.9737	86	7396	636056	9.2736	29.3258
37	1369	50653	6.0828	19.2354	87	7569	658503	9.3274	29.4958
38	1444	54872	6.1644	19.4936	88	7744	681472	9.3808	29.6648
39	1521	59319	6.2450	19.7484	89	7921	704969	9.4340	29.8329
40	1600	64000	6.3246	20.0000	90	8100	729000	9.4868	30.0000
41	1681	68921	6.4031	20.2485	91	8281	753571	9.5394	30.1662
42	1764	74088	6.4807	20.4939	92	8464	778688	9.5917	30.3315
43	1849	79507	6.5574	20.7364	93	8649	804357	9.6437	30.4959
44	1936	85184	6.6332	20.9762	94	8836	830584	9.6954	30.6594
45	2025	91125	6.7082	21.2132	95	9025	857375	9.7468	30.8221
46	2116	97336	6.7823	21.4476	96	9216	884736	9.7980	30.9839
47	2209	103823	6.8557	21.6795	97	9409	912673	9.8489	31.1448
48	2304	110592	6.9282	21.9089	98	9604	941192	9.8995	31.3050
49	2401	117649	7.0000	22.1359	99	9801	970299	9.9499	31.4643
50	2500	125000	7.0711	22.3607	100	10000	1000000	10.0000	31.6228

三 角 比 の 表

角	sin	cos	tan	角	sin	cos	tan
0°	0.0000	1.0000	0.0000	45°	0.7071	0.7071	1.0000
1°	0.0175	0.9998	0.0175	46°	0.7193	0.6947	1.0355
2°	0.0349	0.9994	0.0349	47°	0.7314	0.6820	1.0724
3°	0.0523	0.9986	0.0524	48°	0.7431	0.6691	1.1106
4°	0.0698	0.9976	0.0699	49°	0.7547	0.6561	1.1504
5°	0.0872	0.9962	0.0875	50°	0.7660	0.6428	1.1918
6°	0.1045	0.9945	0.1051	51°	0.7771	0.6293	1.2349
7°	0.1219	0.9925	0.1228	52°	0.7880	0.6157	1.2799
8°	0.1392	0.9903	0.1405	53°	0.7986	0.6018	1.3270
9°	0.1564	0.9877	0.1584	54°	0.8090	0.5878	1.3764
10°	0.1736	0.9848	0.1763	55°	0.8192	0.5736	1.4281
11°	0.1908	0.9816	0.1944	56°	0.8290	0.5592	1.4826
12°	0.2079	0.9781	0.2126	57°	0.8387	0.5446	1.5399
13°	0.2250	0.9744	0.2309	58°	0.8480	0.5299	1.6003
14°	0.2419	0.9703	0.2493	59°	0.8572	0.5150	1.6643
15°	0.2588	0.9659	0.2679	60°	0.8660	0.5000	1.7321
16°	0.2756	0.9613	0.2867	61°	0.8746	0.4848	1.8040
17°	0.2924	0.9563	0.3057	62°	0.8829	0.4695	1.8807
18°	0.3090	0.9511	0.3249	63°	0.8910	0.4540	1.9626
19°	0.3256	0.9455	0.3443	64°	0.8988	0.4384	2.0503
20°	0.3420	0.9397	0.3640	65°	0.9063	0.4226	2.1445
21°	0.3584	0.9336	0.3839	66°	0.9135	0.4067	2.2460
22°	0.3746	0.9272	0.4040	67°	0.9205	0.3907	2.3559
23°	0.3907	0.9205	0.4245	68°	0.9272	0.3746	2.4751
24°	0.4067	0.9135	0.4452	69°	0.9336	0.3584	2.6051
25°	0.4226	0.9063	0.4663	70°	0.9397	0.3420	2.7475
26°	0.4384	0.8988	0.4877	71°	0.9455	0.3256	2.9042
27°	0.4540	0.8910	0.5095	72°	0.9511	0.3090	3.0777
28°	0.4695	0.8829	0.5317	73°	0.9563	0.2924	3.2709
29°	0.4848	0.8746	0.5543	74°	0.9613	0.2756	3.4874
30°	0.5000	0.8660	0.5774	75°	0.9659	0.2588	3.7321
31°	0.5150	0.8572	0.6009	76°	0.9703	0.2419	4.0108
32°	0.5299	0.8480	0.6249	77°	0.9744	0.2250	4.3315
33°	0.5446	0.8387	0.6494	78°	0.9781	0.2079	4.7046
34°	0.5592	0.8290	0.6745	79°	0.9816	0.1908	5.1446
35°	0.5736	0.8192	0.7002	80°	0.9848	0.1736	5.6713
36°	0.5878	0.8090	0.7265	81°	0.9877	0.1564	6.3138
37°	0.6018	0.7986	0.7536	82°	0.9903	0.1392	7.1154
38°	0.6157	0.7880	0.7813	83°	0.9925	0.1219	8.1443
39°	0.6293	0.7771	0.8098	84°	0.9945	0.1045	9.5144
40°	0.6428	0.7660	0.8391	85°	0.9962	0.0872	11.4301
41°	0.6561	0.7547	0.8693	86°	0.9976	0.0698	14.3007
42°	0.6691	0.7431	0.9004	87°	0.9986	0.0523	19.0811
43°	0.6820	0.7314	0.9325	88°	0.9994	0.0349	28.6363
44°	0.6947	0.7193	0.9657	89°	0.9998	0.0175	57.2900
45°	0.7071	0.7071	1.0000	90°	1.0000	0.0000	なし

初 版
第 1 刷　1963 年 3 月 1 日　発行
新訂版
第 1 刷　1968 年 3 月 1 日　発行
新制版
第 1 刷　1973 年 3 月 1 日　発行
RED 版，GREEN 版
第 1 刷　1973 年 12 月 20 日　発行
新　制
第 1 刷　1982 年 1 月 10 日　発行
新　制
第 1 刷　1994 年 2 月 1 日　発行
新課程
第 1 刷　2003 年 2 月 1 日　発行
新課程
第 1 刷　2011 年 11 月 1 日　発行
新課程
第 1 刷　2021 年 11 月 1 日　発行
第 2 刷　2022 年 2 月 1 日　発行
第 3 刷　2023 年 2 月 1 日　発行
第 4 刷　2024 年 2 月 1 日　発行

ISBN978-4-410-20918-5

教科書傍用

スタンダード
数学 I

編　者　数研出版編集部
発行者　星野　泰也
発行所　**数研出版株式会社**

〒101-0052　東京都千代田区神田小川町 2 丁目 3 番地 3
〔振替〕00140-4-118431
〒604-0861　京都市中京区烏丸通竹屋町上る大倉町205番地
〔電話〕代表（075）231-0161

ホームページ　https://www.chart.co.jp
印刷　創栄図書印刷株式会社

230804

2 次 関 数 (2)

22　2次不等式の解　$a>0$ とする。

$D=b^2-4ac$ の符号	$D>0$	$D=0$	$D<0$
$y=ax^2+bx+c$ のグラフと x 軸の位置関係			
$ax^2+bx+c=0$ の実数解	$x=\alpha,\ \beta$	$x=\alpha$	実数解はない
$ax^2+bx+c>0$ の解	$x<\alpha,\ \beta<x$	α 以外のすべての実数	すべての実数
$ax^2+bx+c\geqq0$ の解	$x\leqq\alpha,\ \beta\leqq x$	すべての実数	すべての実数
$ax^2+bx+c<0$ の解	$\alpha<x<\beta$	解はない	解はない
$ax^2+bx+c\leqq0$ の解	$\alpha\leqq x\leqq\beta$	$x=\alpha$	解はない

$a<0$ のときは，不等式の両辺に -1 を掛けて x^2 の係数を正にして考える。

図 形 と 計 量

23　三角比の定義

$$\sin\theta=\frac{y}{r} \qquad \cos\theta=\frac{x}{r}$$

$$\tan\theta=\frac{y}{x}$$

24　$90°-\theta$ の三角比

$$\sin(90°-\theta)=\cos\theta \qquad \tan(90°-\theta)=\frac{1}{\tan\theta}$$
$$\cos(90°-\theta)=\sin\theta$$

25　座標を用いた三角比の定義（$0°\leqq\theta\leqq180°$）

右の図で $\angle\mathrm{AOP}=\theta$,
$\mathrm{OP}=r$, $\mathrm{P}(x,\ y)$ とする
とき

$$\sin\theta=\frac{y}{r}$$

$$\cos\theta=\frac{x}{r} \qquad \tan\theta=\frac{y}{x}$$

26　三角比の符号

θ	$0°$	鋭角	$90°$	鈍角	$180°$
$\sin\theta$	0	+	1	+	0
$\cos\theta$	1	+	0	−	−1
$\tan\theta$	0	+	なし	−	0

27　$180°-\theta$ の三角比

$$\sin(180°-\theta)=\sin\theta \qquad \cos(180°-\theta)=-\cos\theta$$
$$\tan(180°-\theta)=-\tan\theta$$

28　三角比の相互関係

① $\tan\theta=\dfrac{\sin\theta}{\cos\theta}$　　③ $1+\tan^2\theta=\dfrac{1}{\cos^2\theta}$

② $\sin^2\theta+\cos^2\theta=1$

29　直線の傾きと正接

直線 $y=mx$ と x 軸の正の向きとのなす角を θ とすると　　$m=\tan\theta$

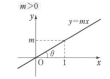

30　正弦定理

△ABC の外接円の半径を R とすると

$$\frac{a}{\sin A}=\frac{b}{\sin B}=\frac{c}{\sin C}=2R$$

31　余弦定理

① $a^2=b^2+c^2-2bc\cos A$
$\quad b^2=c^2+a^2-2ca\cos B$
$\quad c^2=a^2+b^2-2ab\cos C$

② $\cos A=\dfrac{b^2+c^2-a^2}{2bc}, \quad \cos B=\dfrac{c^2+a^2-b^2}{2ca}$

$\quad \cos C=\dfrac{a^2+b^2-c^2}{2ab}$

32　三角形の面積

△ABC の面積を S とすると

$$S=\frac{1}{2}bc\sin A=\frac{1}{2}ca\sin B=\frac{1}{2}ab\sin C$$

33　三角形の内接円と面積

△ABC の面積を S，内接円の半径を r とすると

$$S=\frac{1}{2}r(a+b+c)$$